J.M. Heberle

Nachgelassenen Gemälde

Sammlungen der Herren Gebrüder

J.M. Heberle

Nachgelassenen Gemälde
Sammlungen der Herren Gebrüder

ISBN/EAN: 9783744629072

Hergestellt in Europa, USA, Kanada, Australien, Japan

Cover: Foto ©Thomas Meinert / pixelio.de

Weitere Bücher finden Sie auf **www.hansebooks.com**

No. 55

CATALOG

der nachgelassenen

Gemälde-Sammlungen

der Herren Gebrüder

Maler Franz Becker und
Rentner Joh. Anton Becker in Deutz.

sowie der Herren

Dechant J. F. Antwerpen
in Deutz, Dr. W. Cappes in Horstmar,
Kunsthändler Chr. König in Köln

und Anderer.

Vorzügliche Gemälde älterer und neuerer Meister.

Versteigerung zu Köln

den 26. bis 28. October 1882

durch

J. M. HEBERLE (H. LEMPERTZ' SÖHNE)

im Auctionslocale (grosse Sandkaul 10 u. 12.)

Verkaufs-Ordnung und Bedingungen siehe umstehend.

KÖLN. 1882.

Druck von Wilh. Hassel.

Verkaufs - Ordnung.

Donnerstag, den 26. October 1882; Nachmittags 3 Uhr:
Nro. 1—60.

Freitag, den 27. October; Vormittags $9\frac{1}{2}$ Uhr:
Nro. 61—192.

Freitag, den 27. October; Nachmittags 3 Uhr:
Nro. 193—269.

Samstag. den 28. October; Vormittags $9\frac{1}{2}$ Uhr:
Nro. 270—Schluss.

Bedingungen.

Die Sammlungen sind den 24. und 25. October Morgens von 9—12 und Nachmittags von 2—5 Uhr in dem Auctionslocale (grosse Sandkaul 10 und 12) in Cöln zur Besichtigung ausgestellt.

Um die Räume, in denen die Sammlung ausgestellt, nicht zu überfüllen, werden durch den Unterzeichneten auf persönliche oder schriftliche Meldungen Eintrittskarten ausgegeben und ist nur **den damit und mit Catalogen versehenen Personen** die Besichtigung der Gemälde und Beiwohnung der Versteigerung gestattet. Den Besuchern wird bei Besichtigung und Untersuchung der Gemälde die grösstmöglichste Vorsicht empfohlen, damit kein Gegenstand durch Ungeschicklichkeit, Reiben und dergl. beschädigt werde. Jeder hat den auf diese Weise angerichteten Schaden zu ersetzen.

Der Verkauf findet gegen **baare Zahlung** statt, und ist wenigstens eine ausreichende à Conto-Zahlung, die bei der Auctionskasse deponirt wird, unerlässliche Bedingung. Ausserdem hat der Ansteigerer das gewöhnliche Aufgeld von **zehn Procent** per Nro. ausser dem Steigpreise zu entrichten.

Die Gemälde werden in dem Zustande verkauft, worin sich solche befinden, und kann nach geschehenem Zuschlage keine Reklamation berücksichtigt werden. **Die Namen der Meister sind nach den vorhandenen Inventaren angegeben.**

Der unterzeichnete Auctionator hält sich das Recht vor, Nummern zusammen zu stellen oder zu theilen. Sollte durch einen Zuschlag bei erfolgtem Doppelgebote sich ein Streit entwickeln, so wird augenblicklich der Gegenstand von Neuem proklamirt, um jedem Theile auf die unpartheiischste Weise zu begegnen.

Die Gegenstände müssen längstens nach jeder beendigten Vacation in Empfang genommen werden; die Aufbewahrung bis zur Abnahme geschieht mit möglichster Sorgfalt, **jedoch auf Gefahr des Ansteigerers.**

Vorstände öffentlicher Institute, sowie Privat-Sammler, die der Auction nicht persönlich beiwohnen können, dürfen sich vertrauensvoll mit ihren Aufträgen an den Unterzeichneten wenden, und wird er dieselben, wie er dies seit vielen Jahren gewohnt ist, pünktlich und nach bestem Ermessen im Interesse der Herren Auftraggeber erledigen. Den Aufträgen ist eine Anweisung auf hiesige Banquiers oder eine baare Zahlung oder sonstige Garantie beizufügen; **Versendung der erworbenen Gegenstände geschieht auf Kosten und Gefahr der Ansteigerer.**

Köln, im September 1882.

J. M. Heberle (H. Lempertz' Söhne).

Gemälde-Sammlung

der Herren

Maler Franz Becker,

Rentner Joh. Ant. Becker etc.

A. Die Schulen des XIII. — XVI. Jahrhunderts.

Altdeutscher Meister aus der Zeit Albrecht Dürers.

1 *Anbetung der hl. drei Könige.*

Auf einer Steinbank links sitzt Madonna, das nackte Jesuskind auf dem Schoosse; ihm bringen die hl. drei Könige in vergoldeten Prachtgefässen ihre Geschenke dar; auf einer Rampe halten ihre Begleiter mit Pferden und Kameelen; im mittleren Hintergrunde weiter Durchblick in eine Strasse, auf der zahlreiche Figuren.

Aeusserst interessantes und werthvolles Bild auf Goldgrand, das durch seine Composition, seine technische Vollendung und namentlich auch durch die prächtigen, reich mit Gold ornamentirten Gewandungen die höchste Beachtung verdient. Es ist wohl jedenfalls die Arbeit eines deutschen Meisters, der aber durchaus italienischen Einfluss verräth.

Holz. Höhe 182, Breite 82 Cent.

Altdeutsche Schule.

2 *Zwei Altarflügel,* in einem Rahmen verbunden.

Links der hl. Franciskus Seraphicus, die Wundmale zeigend, rechts die hl. Clara mit Bischofsstab und Monstranz, die wie die Heiligenscheine vergoldet.

Zwei schöne Bilder.

Holz. Höhe 41, Breite 16½ Cent.

3 *Christus am Kreuz.*

Zu den Seiten des Kreuzesstammes Maria und Johannes; im Hintergrunde die Stadt Jerusalem.

Gutes Bildchen mit dem Rahmen aus einem Stück bestehend.

Holz. Höhe 24½, Breite 17½ Cent.

1

Altdeutsche Schule.

4 *St. Paulus.*

Brustbild des Heiligen in goldgesticktem Gewande, die Rechte lehrend erhoben. Im Hintergrunde Blick in eine Landschaft.

Hübsch ausgeführtes Bildchen.

Holz. Höhe 21, Breite 19 Cent.

5 *Heilige Familie.*

Vor einem reich gewirkten Teppich sitzt Mutter Anna die hl. Maria auf dem Schoosse; ihr führt der hl. Joseph das nackte Jesukind zu.

Interessantes Bild.

Holz. Höhe 30, Breite 19 Cent.

6 *Die Grablegung Christi.*

Im Vorgrunde liegt der Leichnam Christi zur Erde von Johannes und den hl. Frauen beweint; im Hintergrunde der Calvarienberg.

Spätere Wiederholung eines schön componirten Bildes.

Leinwand. Höhe 60, Breite 50 Cent.

Altitalienischer Meister.

7 *Diptychon.*

Auf dem linken Flügel Maria mit dem Christuskinde in halber Figur; auf dem rechten Christus am Kreuz mit Maria und Johannes, nebst vier schwebenden Engelchen im Hintergrunde.

Interessantes Bild, auf Goldgrund. Aus Siena.

Holz. Höhe 47, Breite jedes Flügels 30 Cent. Coll. Rumbour.

8 *Christus am Kreuz.*

Zu den Seiten des Kreuzstammes Maria und Johannes.

Interessantes Bild auf Goldgrund, der wie die Heiligenscheine reich in Punzornamenten geschmückt.

Holz. Höhe 39, Breite 26 Cent. Coll. Rumbour.

Altkölnische Schule.

9 *Seite eines Reliquiars.*

Sechs Heiligenfiguren auf grünem Grunde in vertieften gothischen Bogenstellungen, die Umrandung mit Goldarabesken auf rothem Grunde.

Interessantes Bild.

Holz. Höhe 24, Breite 54 Cent.

10 *Devotionsbild.*

Crucifix auf hohem Sockel; zu den Seiten Magdalena, rechts unten Donatrix.

Holz. Höhe 52, Breite 40 Cent.

Altrussische Malerei.

11 *Christus in der Vorhölle.*

Composition von sieben Figuren; die Heiligenscheine und Gewandungen mit Vergoldungen.

Holz. Höhe 16½, Breite 13 Cent.

Giovanni Bellini, gen. Giambellin,

Hauptmeister der venetianischen Schule in der zweiten Hälfte des XV. Jahrh.

12 *Die mystische Verlobung der hl. Katharina.*

Vor einem Throne sitzt, dargestellt bis zum Knie, Maria in rothem Kleide und blauem Mantel, den Kopf mit weissem Tuche umhüllt, auf ihrem Schoosse das nackte Jesukind haltend, welches der rechts vor ihm in Brust-

bild gemalten hl. Katharina den Ring ansteckt; zu den Seiten die Hüftfiguren
Josephs und Johannes des Täufers.

Schönes Bild von inniger Empfindung und edler Auffassung.
Holz. Höhe 70, Breite 92 Cent.

Herri de Bles,
geb. zu Bouvines 1480; † zu Lüttich 1550.

13 Landschaft.

Links Waldeingang mit hohen Bäumen; auf dem breiten Wege des Vorgrundes Christus und die Emausjünger; rechts weit ausgedehnte Gebirgslandschaft mit Burg und mehreren Ortschaften; im Vorgrunde Weidevieh.

Gutes Bild.
Holz. Höhe 29, Breite 40½ Cent.

Brabanter Schule.

14 Die Grablegung Christi.

Im Vorgrunde einer weiten Gebirgslandschaft, in der links die Stadt
Jerusalem, wird der Leichnam Christi von Maria, Johannes und Joseph von
Arimathia zu Grabe getragen. In der Umgebung Engel und hl. Frauen.
Die ganze Gruppe in einer Composition von 10 Figuren.

Schönes Bild.
Holz. Höhe 63, Breite 85 Cent.

Bartholomeus de Bruyn,
lebte um 1524—1560.

15 Sechs Darstellungen aus dem Leben des heil. Ewald.

6 gut ausgeführte Bilder. Die Compositionen in ihrer Anordnung wie
die in der Münchener Pinakothek befindlichen und wohl zur gleichen Suite
gehörig. 6 Stück.

Holz. Höhe eines jeden 50, Breite 50 Cent.

16 St. Ivo.

Brustbild nach links gewandt, mit glattem Gesicht; er trägt ein schwarzes
Gewand, den Kopf bedeckt eine schwarze, strahlenumkränzte Mütze; in der
mit Handschuh bekleideten Rechten hält er ein Buch, in der Linken eine Rolle.
Um die Figur zieht sich eine Banderole mit lateinischem Spruch; in den
oberen Ecken Wappenschilder und Aufschrift: „S. Ivo Pius Pauperum
Advocatus."

Interessantes, vorzüglich ausgeführtes Bild.
Holz. Höhe 46, Breite 35 Cent.

Bartholomeus de Bruyn (Schule).

17 Flügelbild.

Auf dem Mittelbilde Christus am Kreuze, zu den Seiten Maria und
Johannes; links der knieende Donator mit Wappen; auf den Flügeln St.
Joseph und St. Catharina, vor jeder ein geistlicher Donator.

Interessantes Bild, leider beschädigt.
Holz. Höhe 90, Breite des Mittelbildes 71, der Flügel 34 Cent.

18-19 Zwei Altarflügel.

1. Anbetung der Hirten, rechts der Donator mit seinem Sohne knieend.
2. Christi Auferstehung, links die Donatrix mit ihren beiden Töchtern.
Zwei Stück.

Höhe eines jeden 56, Breite 35 Cent.

1*

Bartholomeus de Bruyn (Schule).

20 *Altarflügel.*

Knieender geistlicher Donator, hinter ihm St. Severin im Bischofsgewande mit Stab und Kirche, neben ihm St. Georg mit Fahne und Schwert.
Gutes Bild.
Holz. Höhe 45, Breite 28 Cent.

Johann Stephan von Calcar, gen. Jan van Calcar,
geb. zu Calcar 1500; † zu Neapel 1546.

21 *Die Auferweckung des Lazarus.*

Links im Vorgrunde Christus, den Lazarus erweckend, dem St. Petrus die gebundenen Hände löst. In der Umgebung die Jünger und andere Figuren. Links Portal einer Kirche, im Hintergrunde Marktplatz einer Stadt (Calcar), mit Rathhaus etc.
Vorzüglich ausgeführtes Bild, die Composition durch Pflugfelder's Stich bekannt.
Holz. Höhe 46, Breite 37½ Cent.

Cölnische Schule des XVI. Jahrh.

22 *St. Margaretha den Drachen zertretend.*

Die Heilige in ganzer Figur in grünem pelzverbrämten Gewande und weissem reich drapirten Mantel, auf den die langen Haare herabwallen. In der Rechten hält sie ein langes Kreuz, dessen Spitze sie in den Rachen des Thieres stösst.
Interessantes Bild.
Holz. Höhe 68, Breite 40 Cent. Coll. Essingh.

23 *Altarflügel.*

St. Hugo mit Schwan, Krummstab und Buch in ganzer Figur in Carthäuser-Kleidung.
Fein ausgeführtes, interessantes Bild.
Holz. Höhe 52, Breite 21½ Cent. Coll. Essingh.

Lucas Cranach der Jüngere (Lucas Sunder),
geb. 1515; † 1586.

24 *Portrait des Reformators Eobanus Hessus.*

Halbfigur nach rechts blickend, mit röthlichem Haar, Schnurr- und Knebelbart, in schwarzem Gewande mit weissem Hemdkragen und Händen.
Interessantes, gut gemaltes Bild; oben links Monogramm und Jahreszahl 1548.
Holz. Höhe 63, Breite 48 Cent. Coll. Garthe.

25 *Die Auferweckung des Lazarus.*

Im Vorgrunde ersteigt der von dem vor ihm stehenden Heilande auferweckte Lazarus dem Grabe, welches von den zahlreichen Jüngern, Pharisäern und Frauen, theils knieend, umgeben ist. Den Hintergrund nimmt eine Landschaft ein, in der rechts Stadt an einem Berge.
Interessantes, reich componirtes Bild in guter Ausführung.
Holz. Höhe 80, Breite 60 Cent.

26 *Passionsbild.*

In einer weiten Landschaft liegt im Vordergrunde, an Händen und Hals gefesselt, Christus von 2 Kriegern an Stricken gehalten; im Hintergrunde die weinende Madonna und Johannes.
Gutes Bild in meisterhafter Ausführung.
Holz. Höhe 23½, Breite 16 Cent.

Albrecht Dürer,
geb. zu Nürnberg 1471; † 1528.

27 *Himmelfahrt Mariä.*

Madonna schwebt mit grünem Mantel bekleidet, die Hände über die Brust geschlagen, von Goldglorie umgeben von einer Bahre. Unten die staunenden Apostel; in der Höhe Gott Vater mit Engeln.

Die grossartige Composition, die sorgfältige, fein ausgeführte Zeichnung, die sich besonders in den Händen, Haaren etc. kundgibt, sowie auch namentlich die brillante Anordnung der Falten, stempeln das Bild zu einem unanfechtbar echten Werke des grossen Meisters.

Holz. Höhe 118, Breite 85 Cent.

Cornelis Engelbrechtsen,
geb. zu Leyden 1468; † daselbst 1533.

28 *Doppelbild mit den Standbildern zweier Heiligen.*

Links der hl. Augustinus in reichem, bischöflichen Gewande, den Stab in der Linken, in der Rechten ein durchbohrtes Herz; rechts die hl. Helena auf dem Haupte die Krone, in rothem, reich drapirten Gewande und blauem Mantel. In der Rechten hält sie ein hohes Kreuz. Der Fussboden parquettirt, der Hintergrund bis zur Kopfhöhe reicher, goldgewirkter Teppich.

Zwei interessante, ausdrucksvolle Bilder.

Holz. Höhe eines jeden 58, Breite 23 Cent. Coll. Essingh.

Schule der Gebrüder van Eyck.

29 *Madonna mit dem Kinde.*

Maria, dargestellt bis zum Knie, in rothem Gewande, das Jesukind auf dem Schoosse; rechts der hl. Bernardus mit Bischofsstab und Buch. Landschaftlicher Hintergrund.

Fein ausgeführtes Bildchen, oberhalb geschweift, mit dem Rahmen aus einem Stück bestehend.

Holz. Höhe 39, Breite 26 Cent.

30 *Madonna mit dem Kinde.*

Madonna in Kniefigur, das an ihrer Brust schlafende Jesukind mit beiden Händen haltend. Ihr jugendlicher, lieblicher Kopf neigt sich etwas nach rechts, die blonden Lockenhaare sind von einem rothen, faltigen Mantel theilweise bedeckt; ihr Kleid blau.

Interessantes, oberhalb abgerundetes Bild, mit dem vergoldeten Rahmen aus einem Stück bestehend; um das Ganze ein Goldrahmen neuerer Zeit.

Höhe des Bildes 36, Breite 26 Cent. Coll. Essingh.

31 *Altarflügel.*

Kniender Donator in pelzverbrämtem Gewande, hinter ihm St. Jacobus mit Buch und Pilgerstab; durch geöffneten Bogen Blick in eine Landschaft.

Holz. Höhe 50, Breite 19 Cent.

32 *Aehnlicher Altarflügel.*

Kniende Donatrix; hinter ihr St. Andreas. Gegenstück in gleicher Ausführung.

Holz. Gleiche Grösse.

Manier des Gentile da Fabriano.

33 *Die Krönung Mariä.*

Die sitzende Maria, von Christus gekrönt; die Vorstellung in einer von Engelsköpfen gebildeten Glorie; zur Seite St. Agnes und eine andere Heilige.

Interessantes Bild, oberhalb abgerundet und wohl Theil eines grösseren Bildes.

Holz. Höhe 24, Breite 11 Cent. Coll. Rumboux.

Justus von Gent,

Schüler des Hubert van Eyck aus der zweiten Hälfte des XV. Jahrh.

34 *Altarflügel mit der Verkündigung.*

Im Vorgrunde rechts kniet in ihrer Stube Madonna am Betpulte in goldgewirkter Gewandung und weitem blauem Mantel; hinter ihr der verkündende Engel in rothem, goldbordirtem Umhange.

Tief empfundenes, mit anmuthigem Liebreiz äusserst fein ausgeführtes Bildchen.

Holz. Höhe 51, Breite 19 Cent.

35 *Altarflügel mit der Geburt Christi.*

Maria nach links gewandt, sich anbetend vor dem auf ihrem reich drapirten blauen Mantel liegenden nackten Jesukinde neigend; links zwei Engel, rechts St. Joseph mit Kerze. Im Hintergrunde zwei Hirten durch die Fensteröffnung blickend; in der Höhe schweben zwei kleine Engel mit einem Spruchbande.

Gegenstück zum Vorigen in gleicher Ausführung.

Holz. Gleiche Grösse.

Domenico del Ghirlandajo,

geb. zu Florenz 1449; † daselbst 1498.

36 *Verkündigung Mariä.*

Maria steht links am Betpulte, die Verkündigung des hereintretenden Engels vernehmend.

Kupfer. Höhe 36, Breite 27 Cent.

Guidoccio,

Maler aus Siena um 1200.

37 *Die heil. Katharina von Siena.*

Die Heilige in knieender Stellung.

Interessantes Bild, das wohl von Guidoccio Cozzarelli sein dürfte.

Holz. Höhe 38, Breite 19 Cent. Coll. Rambour.

38 *St. Johannes der Täufer.*

Gegenstück zum Vorigen in gleicher Ausführung.

Holz. Gleiche Grösse.

Hans Holbein (Schule).

39 *Portrait.*

Hüftbild eines Gelehrten, fast en face, in älteren Jahren, in schwarzer, reich mit Pelz verbrämter Kleidung, den Kopf mit schwarzem Mützchen bedeckt. Die Linke legt er auf ein auf dem Tische vor ihm liegendes Buch, während die Rechte die Handschuhe hält.

Vorzügliches Bild von charakteristischer Auffassung und meisterhafter Behandlung.

Holz. Höhe 65, Breite 49 Cent.

40 *Portrait.*

Brustbild eines jungen Mannes, nach rechts gewandt, in hellem, gemustertem Gewande, über dem ein Spitzenkragen heraustritt, schwarzem Mantel und schwarzer Kappe. In der Rechten hält er einen Handschuh.

Holz. Höhe 30, Breite 23 Cent.

Italienischer Meister aus dem Ende des XV. Jahrh.

41 *Die Anbetung der Hirten.*

In einer Felslandschaft kniet vor verfallenem Gebäude links Madonna in blauem, weitem Mantel, das auf der Erde liegende neugeborene Jesukind anbetend; hinter ihr St. Joseph; rechts knieen 2 Hirten.

Interessantes Bild, ein bei eingehender Composition, vortrefflich ausgeführt.

Holz. Höhe 118, Breite 10 Cent.

42 *Mariä Besuch bei Elisabeth.*

Im Vordergrunde einer hübschen Flusslandschaft mit Gebirge und Stadt begegnen sich, von je 2 Frauen begleitet, Maria und Elisabeth.

Interessantes Bild.

Holz. Höhe 24, Breite 29 Cent.

Italienische Schule aus dem Anfange des XVI. Jahrh.

43 *Grosse Kreuzschleppung.*

Zu dem rechts im Hintergrunde sich erhebenden Calvarienberge gehen in langem Zuge, in theils interessanten phantastischen Costümen, die Krieger, Reiter und Henkersknechte; in ihrer Mitte der mit dem Kreuze hingesunkene Heiland, dem Veronica in reicher Kleidung das Schweisstuch reicht; im Vordergrunde links die ohnmächtige Madonna, von Johannes und den heil. Frauen umgeben.

Ein durch seine in grossartigem Stile entworfene Composition, wie seine Ausführung höchst interessantes Bild.

Leinwand. Höhe 98, Breite 156 Cent.

Lambert Lombardus, gen. Suterman,
geb. zu Lüttich 1506; † 1566.

44 *Die Anbetung der Hirten.*

Vor einer Säulenhalle Maria das neugeborene Jesukind haltend; rechts und links nahen die anbetenden Hirten; in der Höhe Gott Vater in Engelglorie.

Oberhalb geschweiftes Bild.

Holz. Höhe 110, Breite 72 Cent.

Bernardino Luino,
geb. zu Lurino um 1470, lebte noch 1530.

45 *Jesus und Johannes als Kinder spielend.*

Die beiden Knaben sitzen völlig nackt sich umfassend auf der Erde.

Fein ausgeführtes Bildchen.

Holz. Höhe 18, Breite 24 Cent.

Oberdeutscher Meister.

46 *Portrait.*

Halbfigur eines Gelehrten, nach links gewandt, in schwarzer pelzverbrämter Kleidung und schwarzem Hut; mit Händen.

Gutes Bild von charakteristischer Auffassung, oben links Wappen und aetatis suae 45. Brauner Hintergrund.

Holz. Höhe 70, Breite 50 Cent.

Baccio della Porta (Fra Bartolomeo di S. Marco),
geb. zu Savignano 1469; † zu Florenz 1517.

47 *Pietà.*

Der Leichnam Christi ruht von Engeln gehalten im Schoosse der Maria, die ohnmächtig von einem Engel unterstützt wird.

Ergreifende Composition in vorzüglicher Durchführung.

Holz. Höhe 56, Breite 42 Cent.

8

Sanzio. — Roger von der Weijden.

Rafael Sanzio,
geb. zu Urbino 1483; † 1520.

48 *Anbetung der hl. drei Könige.*

Copie aus seiner Zeit nach der Predella in der Sala Borgia zu Rom.
Rafaels jugendlicher Arbeit.

*Leinwand auf Holz. Höhe 36, Breite 55 Cent. Unter Glas. Coll.
Ramboux.*

Rheinisch-Westfälische Schule des XV. Jahrh.

49 *Grosser Flügel-Altar.*

Das Mittelbild in Kreuzform zeigt in der Mitte Christus am Kreuz
zwischen den Schächern; Magdalena umfasst den Kreuzesstamm. links die
ohnmächtig hingesunkene Maria von Johannes gehalten, in der Umgebung
zahlreiche Kriegsleute, theils zu Pferde; seitlich dieser Haupt-Composition
von vergoldeten Ornamenten getrennt, je zwei kleinere Darstellungen aus der
Leidensgeschichte Jesu: links die Geisselung und Kreuztragung, rechts die
Kreuzabnahme und Christus in der Vorhölle. Auf den inneren Flächen der
Flügel je vier Passionsbilder, auf dem linken: Christus am Oelberg, Gefangen-
nehmung, die Verspottung und Pilati Handwaschung; auf dem rechten: die
Grablegung, Auferstehung, Himmelfahrt und das Pfingstfest. In den aufstei-
genden Segmenten Eremitenfigur. Auf den Aussenflügeln vor Teppichmu-
sterung links Madonna mit dem Kinde und St. Augustin, rechts St. Georg
und St. Apollonia, in den oberen Abschnitten St. Agnes und St. Cäcilia.

*Aeusserst kostbares und werthvolles Capitalbild, welches die Rhein.-
Westfäl. Malerschule in einer ausnehmend vorzüglichen Weise vertritt. Nicht
allein die überaus ernsten Compositionen, sondern auch die selten feine und
vorzügliche Ausführung auf Goldgrund, sowie die theils äusserst reichen
Costüme lassen das kostbare Bild zur Zierde eines jeden Museums gereichen.
Das Ganze in einem Rahmen mit Goldrosetten auf rothem Grunde.*

Höhe 180, Breite des Mittelbildes 240, jedes Flügels 120 Cent.

Unbekannter Meister.

50 *Die Anbetung der Hirten.*

In einer romanischen Säulenhalle liegt das völlig nackte Jesukind auf
einem Strohlager, umgeben von den anbetenden und opfernden Hirten; zu
seinen Füssen sitzt die betende Madonna, im Hintergrunde die Stadt Beth-
lehem; in der Höhe Engelgruppen.

*Im Geiste der Meister des XVI. Jahrh. fein ausgeführte moderne
Arbeit mit schönem Lichteffekt und von reizender Färbung.*

Holz. Höhe 40, Breite 28 Cent.

Schule des Leonardo da Vinci. (Cesar d'Assesto.)

51 *Madonna mit dem Kinde.*

Halbfigur der Maria. fast im Profil nach rechts gewandt, den Kopf mit
einem farbigen goldgestickten Tuche bedeckt. Ueber das rothe, mit einer
Goldborte umsäumte Kleid fällt ein blauer Mantel; mit beiden Händen hält
sie das auf ihrem Schoosse sitzende Jesukind, welches den Blick dem Beschauer zuwendet. Rechts durch ein geöffnetes Fenster Blick in eine gebir-
gige Landschaft.

Gefühlvolle Composition in prächtiger Färbung.

Holz. Höhe 29, Breite 24 Cent. Coll. Essingh.

Roger von der Weijde,
blühte im XV. Jahrh.

52 *Abnahme vom Kreuze.*

Madonna in weitem blauen Mantel, um den Kopf ein weisses Tuch, umfasst mit beiden Händen den vom Kreuze abgenommenen Leichnam Christi,

aus dessen Wunden das Blut strömt; zu den Seiten Johannes und Joseph von Arimathia; im Hintergrunde Landschaft mit Stadt an Fluss, Schloss etc.

Kostbares Bild von tiefer Empfindung und vorzüglicher Ausführung, sowohl in Bezug auf die Zeichnung als auch auf das Colorit. Bosterhalten.
Holz. Höhe 91, Breite 67 Cent.

Roger von der Weijden (Schule).

53 Pieta.

Madonna in blauem Mantel und weissem Kopftuche, den Leichnam Christi auf dem Schoosse.

Ausdrucksvolle Composition zweier Halbfiguren.
Kupfer. Höhe 30, Breite 21 Cent.

54 Pieta.

Madonna, den langgestreckten Leichnam Jesu auf dem Schoosse haltend. Hintergrund Landschaft.

Feines Bild.
Holz. Höhe 50, Breite 35 Cent. Goldrahmen.

Meister Wilhelm von Köln,

geb. zu Heele; blühte von 1360—1388.

55 Spitzbogiges Triptychon.

Auf dem Mittelbilde ist die Glorification des göttlichen Kindes und seiner Mutter dargestellt: Maria sitzt, geschmückt mit Krone von Perlen und Edelsteinen, das Kind auf ihrem Schoosse, in einer strahlenden Aureole und von jubilirenden kleinen Engeln umgeben, auf einem Rasenteppich. In der Höhe schwebt Jehova, segnend die Hände erhoben; unter ihm das Symbol des hl. Geistes, die Taube. Im Vordergrunde eine Gruppe knieender Heiligen: Johannes der Evangelist, Johannes der Täufer, Barbara, Christina, Katharina von Alexandrien und Maria Magdalena, die wie auf die Chöre der Engel horchend dargestellt sind. Die Flügel des geöffneten Bildes zeigen je zwei Darstellungen auf mit Panzornamenten geschmücktem Goldgrunde; auf dem linken das Leiden: die Dornenkrönung und Christus am Kreuz, auf dem rechten der Triumph des Heilandes: die Auferstehung und die Himmelfahrt. Auf der Aussenseite der Flügel der kreuztragende Heiland auf rothem Grunde.

Aeusserst kostbares und werthvolles Bild; der Ausdruck der Köpfe ist von unendlichem Liebreiz, die ganze Composition voller Anmuth und tiefer Empfindung. Das reizende Bild ist von Beckers Hand restaurirt.
Holz. Höhe 70, Breite des Mittelbildes 32½, der Flügel 16¼ Cent.

56 Die Himmelskönigin.

Chromolithographie von Kellerhoven nach dem bekannten Bilde der Sammlung Ruhl in Köln, jetzt im Besitze des Herrn Eugen Felix in Leipzig.

In Rahmen unter Glas.

Meister Wilhelm (Schule).

57 Christus vor Pilatus.

Links der Heiland mit gefesselten Händen, von Schergen geführt, rechts Pilatus sich die Hände waschend.

Leinwand. Höhe 32, Breite 18 Cent.

58 Zwei Bilder in einem Rahmen vereinigt.

Links Christi Geisselung in einer Composition von drei Figuren; rechts Christus am Oelberg, im Hintergrunde Judas mit den Häschern.

Zwei interessante Bildchen.
Leinwand. Höhe eines jeden 31, Breite 17½ Cent.

Michael Wohlgemuth.
geb. zu Nürnberg 1434; † daselbst 1519.

59 *Die Entkleidung Christi vor der Kreuzigung.*

Zahlreiche Gruppe von Kriegern und Schergen umsteht den an einem Seile geschleppten mit Wunden bedeckten Heiland, dem der Mantel abgerissen; links die schmerzvolle Mutter, umgeben von Johannes und den heiligen Frauen.

Höchst interessantes Bild von durchweg feinster Ausführung und charakteristischem Ausdruck der Physiognomien; dasselbe zeichnet sich dabei noch durch vorzügliche Erhaltung aus.

Holz. Höhe 70, Breite 50 Cent.

Anton Woensam von Worms,
Maler und Holzschneider des XVI. Jahrh.

60 *Der Calvarienberg.*

Christus am Kreuz, dessen Stamm Magdalena weinend umfasst; links von Johannes gehalten die ohnmächtige Madonna; rechts 2 Carthäusermönche als Donatoren.

Meisterhaft ausgeführtes Bild von bester Erhaltung und besonders gutem Ausdruck in den Gesichtern. Unten rechts Wappenschild mit den Wandmalen.

Holz. Höhe 70, Breite 60 Cent.

B. Die Schulen des XVII.—XIX. Jahrh.

Andreas Achenbach.
geb. zu Kassel 1815.

61 *Marine bei Mondschein.*

Mehrere Fischerkähne auf hohen Wogen. ·

Gute Skizze.

Leinwand. Höhe 21, Breite 26½ Cent.

Fra Andrea.

62 *Die Anbetung der Hirten.*

In einer Säulenhalle beten die Hirten das neugeborene Jesukind an; in der Höhe zahlreiche Engelgruppen.

Fleissig ausgeführte Miniatur auf Pergament. Auf einer Steinbasis bezeichnet: Fra Andre.

Höhe 18, Breite 13 Cent.

Hendrik van Avercamp, gen. der Stomme van Campen,
blühte in der ersten Hälfte des XVII. Jahrh.

63 *Winterlandschaft.*

Auf einem von Mauern begrenzten zugefrorenen Kanal belustigen sich zahlreiche Personen aller Stände in theils interessanten Costümen mit Schlittschuhlaufen, Schlittenfahren etc. Durch die Thore blickt man auf die Häuser und Kirchen der Stadt.

Schönes Bild mit reicher, gut ausgeführter Staffage. Auf einem Schlitten mit dem vollen Namen bezeichnet.

Holz. Höhe 58, Breite 89 Cent.

Cornelis Bega (Manier).

64 *Der verliebte Bauer.*

Um eine Tonne sitzen zwei Bauern, einer derselben umarmt die Wirthin.

Hübsch componirtes Bildchen.

Holz. Höhe 22, Breite 17 Cent.

Joachim Franz Beich,
geb. zu München 1665; † daselbst 1748.

65 *Ruhe auf der Flucht nach Egypten.*

Im mittleren Vorgrunde einer Gebirgslandschaft mit castellartigen Gebäuden und grossem Wasserfall sitzt Maria zur Erde, das Jesukind auf dem Schoosse; neben ihr steht der hl. Joseph.

Gutes Bild in Composition und Ausführung mit Anklängen an italienische Meister.

Leinwand. Höhe 48, Breite 64 Cent.

Willem van Bemmel,
geb. zu Utrecht 1630; † 1708.

66 *Landschaft.*

Weit ausgedehntes Flachterrain, von Gebirgszug abgeschlossen; im Mittelgrunde Klostergebäulichkeiten mit Kapelle. Links unten monogrammirt: W. B. F.

Leinwand. Höhe 46, Breite 84 Cent.

Nicolaas Berghem (Manier).

67 *Landschaft mit Vieh.*

Den Vorgrund nimmt eine Viehheerde ein, der Hirt auf Maulesel reitend; links die Hirtin mit Hund. Im Hintergrunde ein Gebirgszug, an dessen Fusse man eine zweite Heerde gewahrt.

Hübsch componirtes, in klarer Färbung gut ausgeführtes Bild.
Holz. Höhe 28, Breite 38 Cent.

Pietro Berrettini, gen. Pietro da Cortona,
geb. zu Cortona 1596; † zu Rom 1669.

68 *Der Raub der Sabinerinnen.*

Rechts die römischen Krieger mit den sich sträubenden Frauen; links Romulus auf Thron.

Figurenreiche Composition.
Leinwand. Höhe 52, Breite 70 Cent.

Pieter de Blauw,
Maler zu Antwerpen um 1680.

69 *Marine.*

Ruhige See mit mehreren grossen Kriegsschiffen, deren zwei im Vorgrunde unter Feuer stehen.

Glatt gemaltes Bildchen.
Kupfer. Höhe 14½, Breite 21½ Cent.

Ferdinandus de Braekeleer,
geb. zu Antwerpen 1792.

70 *Interieur.*

Eine Frau liest aus einer Zeitung vor; Mann und junges Mädchen sind darüber eingeschlafen.

Skizze; links Monogramm und Jahreszahl 1845.
Holz. Höhe 23, Breite 31 Cent.

D. Brentel.
Maler des vorigen Jahrh.

71 *Italienische Landschaft.*

Weit ausgedehnte Fernsicht mit Fluss im Mittelgrunde, über den eine Bogenbrücke führt; im Vorgrunde links Säulenruinen.

Hübsches Bildchen in Abendbeleuchtung mit zierlicher Staffage. Rechts mit Namen und Jahreszahl 1799 bezeichnet.
Holz. Höhe 15½, Breite 21 Cent.

Jan Breughel, gen. Sammt-Breughel,
geb. zu Brüssel 1569; † zu Antwerpen 1625.

72 *Landschaft.*

Weit ausgedehntes flaches Terrain; im Mittelgrunde zwei Windmühlen links Bauernhaus bei hohen Bäumen, auf dem breiten Wege rechts mehrere beladene Wagen etc.

Freundliches Bildchen in klarer Färbung.
Holz. Höhe 16, Breite 21 Cent.

Paul Brill,
geb. zu Antwerpen 1556; † zu Rom 1626.

73 *Kleine Landschaft.*

Links zwei Figuren unter hohen Bäumen, rechts weite Fernsicht.
Holz. Höhe 12½, Breite 14 Cent.

Philipp Hieronymus Brinkmann,
geb. zu Speyer 1709; † zu Mannheim 1761.

74 *Landschaft.*

Im Vorgrunde eine Schlucht, rechts Schäferpaar mit Heerde; in der Ferne ein von Gebirgszug begrenzter Fluss von Kähnen belebt.

Hübsch componirtes, fleissig ausgeführtes Bildchen. Links Monogramm.
Holz. Höhe 17½, Breite 25 Cent.

Jacques Callot,
geb. zu Nancy 1591; † daselbst 1635.

75 *Die Kreuzschleppung.*

Aus dem Thore der Stadt Jerusalem bewegt sich ein langer Zug mit zahlreichen Kriegern, Schergen und Henkersknechten nach dem den Mittelgrund des Bildes einnehmenden, von Zuschauern dicht umlagerten Calvarienberge. Veronika reicht Christus das Schweisstuch; im Vorgrunde rechts die hingesunkene Maria, Johannes und die hl. Frauen.

Sehr interessantes Bild von überaus figurenreicher Composition in geistreicher Durchführung.
Holz. Höhe 37, Breite 50 Cent.

Antonio Canale, gen. Canaletto,
geb. zu Venedig 1697; † daselbst 1768.

76 *Ansicht von Venedig.*

Der Canale grande; an den Ufern Kirchen und Paläste.

Gut ausgeführtes Bild mit interessanter flott behandelter Staffage.
Leinwand. Höhe 56, Breite 104 Cent.

Annibale Caracci (Schule).

77 *Madonna erscheint dem hl. Antonius.*

In einer Grotte kniet St. Antonius, das Jesukind liebkosend an sich drückend, das ihm die in Wolken erscheinende Madonna gereicht. Im Vorgrunde links schlafender Eremit, rechts Blick in eine Landschaft.

Vorzüglich ausgeführtes Bild.
Kupfer. Höhe 38, Breite 30 Cent.

Georg Cornicelius,
geb. zu Hanau 1825.

78 *Märchenscene.*

Bauernmädchen von einem Schwan über einen Weiher getragen; als Führerin eine Taube; am Ufer ein Bauernknabe.

Hübsche Composition.
Leinwand. Höhe 58, Breite 82 Cent.

Johan Coesermans,
Delfter Maler, in Uffenbach's Reisen erwähnt.

79 *Seesturm.*

Ein grosses Segelschiff kämpft gegen die Wellen des sturmbewegten Meeres; zwei andere Schiffe, von denen das eine seinen Hauptmast bereits verloren, schweben gleichfalls in Gefahr.

Eigenthümlich gearbeitetes Bildchen, welches nur mit schwarzer, brauner und weisser Farbe gemalt, das Ansehen einer Feder- oder Tuschzeichnung gewährt. Mit dem vollen Namen bezeichnet.

Holz. Höhe 38, Breite 52 Cent. Coll. Thiermann.

Gaspar Dughet, gen. Gaspar Poussin,
geb. zu Rom 1613; † daselbst 1675.

80 *Italienische Landschaft.*

Im Vorgrunde bei Buschwerk zwei Figuren in Unterhaltung. Gebirgiger Hintergrund mit Wasser, castellartigen Gebäuden, Ruinen etc.

Reich componirtes Bildchen.

Kupfer. Höhe 20, Breite 25½ Cent.

Anthonie van Dyck,
geb. zu Antwerpen 1599; † zu Blackfriars 1641.

81 *Hund.*

Hund in ganzer Figur, nach rechts stehend; angeblich Original-Studie zu dem bekannten Bilde der Münchener Pinakothek mit dem lebensgrossen Portrait des Herzogs von Pfalz-Neuburg.

Leinwand auf Holz. Höhe 33, Breite 23 Cent.

Adam Elzheimer,
geb. zu Frankfurt 1574; † zu Rom 1620.

82 *Christus am Oelberge.*

Links der knieende Heiland, dem der Engel erscheint; im Vorgrunde die schlafenden Jünger.

Gutes Bild in contrastirendem Hellbunkel effektvoll gemalt.

Kupfer. Höhe 14, Breite 20 Cent.

P. van der Eycken,
moderner Meister.

83 *Winterlandschaft.*

Den Mittelgrund nimmt ein breites zugefrorenes Wasser ein, auf dem zahlreiche Schlittschuhläufer; rechts zwischen schneebedeckten Tannen Bauernhaus. Im Hintergrunde Blick auf ein Dorf mit hohem Kirchthurme.

Gut ausgeführtes Bild. Mit vollem Namen und Jahreszahl 1867 bezeichnet.

Holz. Höhe 28, Breite 41 Cent.

François Francken, gen. der Jüngere,
geb. zu Antwerpen 1580; † daselbst 1642.

84 *Johannes Busspredigt.*

Am Eingange eines Waldes rechts predigt Johannes der Täufer vor zahlreich versammeltem Volke. Im Vorgrunde Fahnenträger und Trommler. Links freier Blick in eine Gebirgslandschaft.

Interessantes, flott behandeltes Bild.

Holz. Höhe 56, Breite 75 Cent.

Französische Schule.

85 *Portrait.*
Hüftbild eines holländischen Gelehrten in buntem Hausrocke, Spitzen-
cravatte; kleines Käppchen auf dem lockigen Haar; die Rechte auf einen
Tisch gelehnt.
Leinwand auf Holz. Höhe 48, Breite 36 Cent.

Gortzius Geldorp,
geb. zu Löwen 1553; † zu Cöln 1616.

86 *Portrait.*
Brustbild einer jüngeren Dame, nach links gewandt, in Spitzenhaube
und Mühlsteinkragen; prächtiges Goldgeschmeide über dem reich mit Gold
gestickten Gewande.
*Gutes Bild, oben links Wappen, rechts Monogramm und Jahreszahl
1607; auf der Rückseite: „Gertrudt van Cronenburgs, zweite Hausfrau von
Adr. de Bruyn".*
Holz. Höhe 54. Breite 42 Cent.

87 *Portrait.*
Brustbild eines Mannes mit grau-melirtem Haar, Schnurr- und Knebel-
bart, Mühlsteinkragen über dem schwarzen Gewande.
Holz. Höhe 43, Breite 34 Cent.

Nach Gortzius Geldorp.

88 *Portrait.*
Brustbild einer jüngeren Dame, nach links gewandt, mit Spitzenhaube,
Mühlsteinkragen und reichem Halsgeschmeide.
Neuere Copie.
Leinwand. Höhe 55, Breite 45 Cent.

Nach Luca Giordano.

89 *Portrait des Nicolas Poussin.*
Brustbild, nach links gewandt, mit Federhut.
Moderne Studie.
Leinwand. Höhe 55, Breite 45 Cent.

Heinrich Goltzius (Schule).

90 *Anbetung der Hirten.*
Im Vorgrunde die heil. Familie und die herbeieilenden Hirten; links
Fernblick in eine Landschaft mit dem verkündenden Engel.
Holz. Höhe 26, Breite 36 Cent.

Nach Jan van Goyen.

91 *Flusslandschaft.*
Breiter Fluss, von Kähnen und Fischern belebt; auf den beiderseitigen
Ufern Ortschaften.
Moderne Copie.
Holz. Höhe 35, Breite 42 Cent.

Francesco Guardi (Schule).

92–93 *2 Ansichten von Neapel und Umgegend.*
Zwei reich staffirte Bilder.
Leinwand. Höhe eines jeden 32, Breite 76 Cent.

Van der Haeghen,
Antwerpener Meister, XVII. Jahrh.

94 *Christus und die Samariterin am Brunnen.*

Rechts Christus mit der Samariterin im Gespräch; links breiter Weg,
auf dem die Jünger nahen.

Hübsch componirtes Bild.
Holz. Höhe 60, Breite 46 Cent.

Matheus van Helmont,
geb. zu Brüssel 1650.

95 *Der Urinarzt.*

In seinem Laboratorium sitzt, umgeben von Folianten, Geräthschaften,
Retorten etc., der alte Arzt in pelzverbrämtem Kleide, achselzuckend das in
der erhobenen Rechten gehaltene Uringlas betrachtend. Hinter ihm eine
weinende Frau; rechts im Hintergrunde am offenen Heerde die beiden Ge-
hülfen; links erscheint an geöffnetem Fenster Todtenfigur mit Sanduhr.

Reich componirtes Bild in flotter und kecker Behandlung.
Leinwand. Höhe 42, Breite 58 Cent.

Bartholomeus van der Helst (Manier).

96 *Portrait.*

Brustbild einer älteren Dame in schwarzem, gemusterten Gewande mit
Spitzenhaube und Mühlsteinkragen.

Leinwand. Höhe 46, Breite 38 Cent. Coll. Bettendorf.

H. Heus,
neuerer Meister.

97 *Flusslandschäftchen.*

Den Mittelgrund nimmt ein von Kähnen belebter Fluss ein; rechts ge-
birgiges Ufer mit Burgen und Ruinen, links eine Stadt.

Freundliches, fein ausgeführtes Bildchen. Mit dem Namen bezeichnet.
Holz. Höhe 16, Breite 20 Cent.

Karl Hilgers.
geb. zu Düsseldorf 1818.

98 *Winterlandschaft.*

Im Vorgrunde rechts Bauernhäuser, links sumpfiges Wasser.

Skizze.
Holz. Höhe 14, Breite 17½ Cent.

99 *Winterlandschaft.*

Im Mittelgrunde grosses, schlossartiges Gebäude, an welches sich ein
Park anschliesst; das Ganze umgeben von zugefrorenem Wasser, auf welchem
Schlittschuhläufer etc.

Pappe. Höhe 25, Breite 38 Cent.

100 *Winterlandschaft.*

Links in der Ferne Burg an zugefrorenem Teiche mit Schlittschuhläufern, rechts im Vorgrunde Bauernhaus mit hohen Bäumen.

Freundliches Bildchen.
Holz. Höhe 21½, Breite 28½ Cent.

Meindert Hobbema,
blühte im Jahre 1663.

101 *Landschaft.*

Rechts Waldausgang, nach der Mitte zu drei grosse Eichbäume, wo
in einem Hohlwege ein Mann mit bepacktem Esel und Hund sichtbar

wird; links Teich. Im Hintergrunde Buschwerk, wozwischen Häuser
versteckt.

*Schöne Composition, durchsichtig gemalt; die Wirkung des von links
kommenden Lichtes vortrefflich wiedergegeben. Rechts unten mit unleserlichem
Namen bezeichnet.*
Holz. Höhe 34, Breite 57 Cent. Coll. Essingh.

Charles Hoguet,
neuerer Meister, geb. zu Berlin.

102—3 *Zwei Landschaftsskizzen.*

Flussgestade mit Baumpartieen und Gebirgen.
Leinwand. Höhe 33, Breite 45 Cent.

Pierre Paul Alouis Hunin,
geb. zu Mecheln 1898; † daselbst 1855.

104 *Zwei lesende Mädchen.*

In einem mittelalterlich ausgestatteten Zimmer, die Kniefiguren zweier
Mädchen, eifrig in einem Briefe lesend. Links Tisch, auf dem Weinkanne,
Apfelsine etc.

Hübsches Bildchen. Rechts mit dem Namen bezeichnet.
Leinwand. Höhe 32, Breite 39 Cent.

Jacobus Janson,
geb. zu Ambon 1729; † 1784.

105 *Winterlandschaft.*

Auf dem breiten zugefrorenen Flusse rechts zahlreiche Schlittschuhläufer;
links Bauernhäuser.
Holz. Höhe 22, Breite 28 Cent.

Karel du Jardin (Manier).

106 *Landschaft.*

Eine weite Felsschlucht gewährt einen Durchblick in die Ferne mit
Gebirgszug und Stadt am Wasser; rechts ein Wasserfall; als Staffage Gefan-
gennahme von Räubern.

Hübsche Composition.
Leinwand. Höhe 40, Breite 47 Cent.

Jaspers,
moderner Meister.

107 *Ebernburg und Rheingrafenstein.*

*Gut ausgeführte Landschaftsstudie. Rechts mit vollem Namen und
Jahreszahl 1840 bezeichnet.*
Holz. Höhe 28, Breite 36 Cent.

Italienische Schule.

108 *Fruchtstück.*

Pfirsiche, Trauben, Feigen, Quitten etc. in malerischer Gruppirung.
Gut ausgeführtes Bild.
Leinwand. Höhe 48, Breite 65 Cent.

109 . *Kreuzigung des hl. Andreas.*

In einer weiten Gebirgslandschaft ist das Kreuz errichtet; in der Umge-
bung zahlreiche Reiter, Fussvolk etc.
Reich componirtes Bild.
Leinwand. Höhe 60, Breite 47 Cent.

Italienische Schule.

110 *Das Jesukind auf Stroh liegend.*

Studie.

Leinwand. Höhe 38, Breite 48 Cent.

Wilhelm von Kobell,
geb. zu Mannheim 1770; † zu München 1855.

111 *Pferdestück.*

In einer Landschaft, die links von einem mit Altane versehenen Schlosse begrenzt ist, rüstet sich ein reicher Zug von Herren und Damen zu Pferde zum Aufbruche zur Falkenjagd.

Schöne Composition im Stile des Wouvermans.

Holz. Höhe 55, Breite 44 Cent. Coll. von Hirsch.

Peter Ludwig Kuhnen,
geb. zu Aachen 1812.

112 *Landschäftchen.*

Rechts Hügel, an dem Kapelle; auf dem breiten Wege sitzender Mann mit Hund; links weite Fernsicht in's Gebirge.

Hübsch componirtes, freundliches Bildchen, monogrammirt K.

Holz. Höhe 17, Breite 12½ Cent.

F. H. Mans,
Holländischer Maler.

113 *Winterlandschaft.*

Rechts der zugefrorene Canal, auf dem Schlittschuhläufer und Schlitten; links die schneebedeckten Häuser des Dorfes.

Mit dem Namen bezeichnet.

Holz. Höhe 21, Breite 25 Cent.

Jan Martsz de Jonghe,
blühte um 1632.

114 *Grosse Schlacht.*

In einer weiten Gebirgslandschaft wüthet ein heftiger Reiterkampf; allenthalben einzelne Gruppen Kämpfender, dazwischen die Gefallenen.

Lebendig componirtes, figurenreiches Bild.

Leinwand. Höhe 158, Breite 208 Cent.

Alexander Michelis,
moderner Düsseldorfer Meister.

115 *Kleine Landschaft.*

Rechts Wasser mit Kähnen am Ufer; links Weidengesträuch etc.

Hübsch componirtes Bildchen. Mit dem Namen bezeichnet.

Holz. Höhe 21, Breite 32 Cent.

Moderner belgischer Meister.

116 *Marine.*

Bewegte See mit grösseren und kleineren Schiffen.

Gut ausgeführtes Bildchen.

Holz. Höhe 11½, Breite 14 Cent.

Jodocus Momper, gen. Eervrught,
geb. zu Brügge 1580; † zu Antwerpen 1638.

117 *Grosse Landschaft.*

Links Baumparthie; durch den Mittelgrund zieht sich an Gebirge und Ortschaften ein Fluss vorbei; im Vorgrunde rechts an einem Felsabhange

2

ein Teich, zu welchem eine Hammel- und Rinderheerde in die Tränke
getrieben wird.

Reich componirtes Bild. Monogrammirt D. M.
Leinwand. Höhe 82, Breite 112 Cent. Coll. Thiermann.

Monogrammirt J. C.
(Moderner Meister.)

118 *Kleines Flachlandschäftchen.*

Im Hintergrunde Gebirgszug; links im Vorgrunde Bauer auf breitem Wege.

Skizze.
Holz. Höhe 11, Breite 16 Cent.

J. L. E. Morgenstern,
geb. zu Rudolstadt 1738; † zu Frankfurt a/M. 1819.

119 *Architekturbild.*

Das Innere eines reich ausgestatteten Zimmers mit Durchblick in eine
Säulenhalle; der heil. Hieronymus sitzt studirend an einem Tische; hinter
ihm ein Schrank, auf dem Bücher, Geräthe etc. stehen.

Ein in der bekannten Weise des Meisters fein und fleissig ausge-
führtes Bild.
Holz. Höhe 27, Breite 39 Cent.

Estéban Bartolomé Murillo (Schule).

120 *Hl. Antonius von Padua mit dem Jesukinde.*

Hüftfigur des Heiligen, auf beiden Armen das Jesukind haltend.

Leinwand. Höhe 25, Breite 20 Cent.

Johann August Nahl,
geb. zu Clanne 1752; † zu Cassel 1825.

121 *Studienkopf eines Greises.*

Brustbild im Profil nach rechts.

Leinwand. Höhe 63, Breite 50 Cent.

Nach Aart van der Neer.

122 *Mondscheinlandschaft.*

Rechts breiter Canal von Kähnen belebt; links Gebäude zwischen
Buschwerk.

Moderne Copie.
Leinwand. Höhe 26, Breite 35 Cent.

Aart van der Neer (Manier).

123 *Grosse Mondscheinlandschaft.*

Weit ausgedehnte Landschaft; im Mittelgrunde ein Wasser, auf das der
Mond seinen Reflex wirft. Im Vorgrunde rechts Baumgruppe; links Kapelle
und Kirchhof.

Schön componirtes Bild.
Leinwand. Höhe 51, Breite 73 Cent.

Niederländische Schule.

124 *Zwei Altarflügel.*

Auf jedem derselben eine reichgekleidete Dame am Betstuhle knieend.
Hinter der einen steht Maria mit dem Kinde als Himmelskönigin; hinter der
andern St. Katharina. Auf der Rückseite Inschriften in Gold mit Jahreszahl
1609 und 1628.

Holz. Höhe jedes Flügels 51, Breite 20 Cent. In einem Rahmen
verbunden.

Niederländische Schule.

125 *Portrait.*
 Brustbild eines Ritters in Harnisch, mit blossem Kopfe und langem Haar,
Spitzencravatte und rother Schärpe.
 Holz. Höhe 30, Breite 25 Cent. Coll. Thiermann.

126 *Marine.*
 Ruhige See mit zahlreichen grösseren und kleineren Fahrzeugen; links
im Vorgrunde wird ein Schiff beladen.
 Holz. Höhe 42, Breite 50 Cent.

Johann Pillement,
geb. zu Lyon, Maler des XVIII. Jahrh.

127 *Kleine Landschaft.*
 Im Vorgrunde Wasserfall; links Hirsch.
 Blech. Höhe 17¹/₂, Breite 14 Cent.

Egbert van der Poel,
blühte zu Rotterdam in der zweiten Hälfte des XVII. Jahrh.; † 1690.

128—29 *Zwei kleine Brandscenen.*
 Effectvolle Bildchen.
 Pappe. Höhe eines jeden 7¹/₂, Breite 9 Cent.

Jacopo da Ponte, gen. Bassano,
geb. zu Bassano 1510; † 1592.

130 *Die Anbetung der Hirten.*
 Zahlreiche Hirten beten das auf Strohlager liegende, neugeborene Jesu-
kind an; in der Höhe Engelgruppe.
 Leinwand. Höhe 44, Breite 32 Cent.

Willem de Poorter,
Maler von Harlem, blühte in der ersten Hälfte des XVII. Jahrh.

131 *Interieur.*
 Figur in orientalischer Tracht, im Profil vor einem mit Silbergefässen
etc. besetzten Tische sitzend. Unten links mit dem Namen bezeichnet.
 Holz. Höhe 38, Breite 28 Cent.

Paul Potter (Manier).

132 *Viehstück.*
 Kühe und Schaafe auf der Weide; im Vorgrunde rechts der angebun-
dene Stier.
 Holz. Höhe 22, Breite 29¹/₂ Cent.

Franz Pourbus der Aeltere,
geb. zu Brügge 1510; † 1580.

133 *Portrait.*
 Brustbild eines Mannes in mittleren Jahren, nach rechts gewandt, den
Kopf fast en face, mit kurz geschnittenem Haar und Vollbart; er trägt ein
schwarzes, gemustertes Gewand mit überstehendem Kragen.
 *Vorzügliches mit grosser Lebenswahrheit aufgefasstes Bild. Oben
links 1566.*
 Holz. Höhe 66, Breite 55 Cent.

Franz Pourbus der Aeltere.

134 *Portrait des Andreas Guil.*

Brustbild in Lebensgrösse, nach rechts gewandt, den Kopf fast en face, mit Vollbart und kurzgeschnittenen Haaren. Ueber dem goldgestickten, hellen Gewande, über dessen Kragen eine weisse Fraise heraustritt, trägt er einen schwarzen pelzverbrämten Mantel.

Charakteristisch aufgefasstes mit grosser Lebenswahrheit vorzüglich gemaltes Bild.

Holz. Höhe 48, Breite 35 Cent.

Pieter Quast.

geb. im Haagh 1602; blühte um die Mitte des XVII. Jahrh.

135 *Interieur.*

In der Mitte einer Stube vier Bauern beim Kartenspiel; rechts am offenen Feuer Gruppe dreier Bauern; links an einem Tische zündet ein Mann seine Pfeife an. Auf dem Boden liegt Geräth aller Art.

Gutes Bild.

Holz. Höhe 46, Breite 63 Cent.

Jan van Ravenswaay,
geb. zu Hilversum 1790.

136 *Landschaft.*

Links im Vorgrunde grosse Schaafheerde.

Studie. Links mit dem Namen bezeichnet.

Leinwand. Höhe 35, Breite 43 Cent.

Salvator Rosa,
geb. zu Renella 1615; † 1673.

137 *Predigt eines Eremiten.*

In einer Felsschlucht steht auf einer Erhöhung ein barfüssiger Eremit, den rings um ihn versammelten Kriegern und Weibern das Kreuz predigend.

Schön componirtes mit effektvoller Lichtwirkung vorzüglich ausgeführtes Bild.

Leinwand. Höhe 63, Breite 98 Cent.

Pietro Conte de Rotari,
geb. zu Verona 1707; † zu Petersburg 1762.

138 *Die büssende Magdalena.*

Brustbild der Heiligen mit nach oben gewandtem Blick; die Rechte auf die entblösste Brust gelegt.

Glatte Malerei.

Leinwand. Höhe 45, Breite 31 Cent.

Peter Paul Rubens (Schule).

139 *Der sterbende Antiochus.*

Antiochus auf dem Lager, das von Frauen und Aerzten umgeben.

In leuchtender Farbengebung meisterhaft ausgeführtes Bild.

Holz. Höhe 25, Breite 34 Cent.

Hermann Saftleven,
geb. zu Rotterdam 1609; † zu Utrecht 1685.

140 *Gebirgs-Landschaft.*

Durch den Mittelgrund zieht sich ein Bach, an dem eine Mühle; links liegt am Fusse eines hohen Felsens ein Städtchen, dessen Kirchthurm aus dem Gebüsch hervorragt. Als Staffage Schäfer, ruhender Wanderer etc.

Hübsch componirtes Bildchen. Mit dem Namen bezeichnet.

Kupfer. Höhe 27, Breite 42 Cent. Coll. Thiermann.

Roeland Savery,
geb. zu Korteyk 1576; † 1639.

141 *Felslandschaft.*

Felsschluchten mit zersplitterten Baumstämmen etc.: rechts Wasserfall und mehrere Gebäude auf den Felsvorsprüngen.

Interessantes Originalbild.
Holz. Höhe 60, Breite 122 Cent.

Godefried Schalken (Manier).

142 *Knabe mit Licht.*

Halbfigur eines Knaben im Profil, einen Span an der in der Rechten gehaltenen Kerze anfachend.

Fein ausgeführtes Bildchen mit Lichteffekt.
Holz. Höhe 12½, Breite 9¾ Cent.

Spanische Schule.

143 *Portrait.*

Brustbild eines Mannes in mittleren Jahren, nach links gewandt, mit Schnurr- und Knebelbart; Mühlsteinkragen über dem schwarzen Gewande; das lang herabwallende Haar mit Barett bedeckt.

Leinwand. Höhe 46, Breite 39 Cent.

144 *Der hl. Stephanus.*

Halbfigur des Heiligen mit zum Himmel gerichtetem Blick, in beiden Händen ein Buch haltend, auf dem 3 Steine liegen.

Wirkungsvoll gemaltes Bild.
Leinwand. Höhe 58, Breite 50 Cent.

Sutter (Schüler Koekkoekks).

145 *Winterlandschaft.*

Im Mittelgrunde grosse Burg an zugefrorenem Teiche, auf dem Schlittschuhläufer; rechts und links Baumparthieen.

Hübsch componirtes in Abendstimmung gut ausgeführtes Bild.
Holz. Höhe 31, Breite 41 Cent.

David Teniers der Aeltere,
geb. zu Antwerpen 1582; † 1649.

146 *Seestrand.*

Rechts hohe Felsen; auf einem Vorsprunge grosser Pallast; links die Brandung; als Staffage St. Augustinus und der wasserschöpfende Knabe.

Interessantes Bild. Unten rechts Monogramm.
Leinwand. Höhe 50, Breite 40 Cent.

David Teniers der Jüngere (Schule).

147 *Miniatur-Portrait.*

Brustbild eines älteren Mannes mit kurzgeschorenem Haar und Vollbart, Mühlsteinkragen über dem grauen Gewande.

Gutes Bildchen mit der Umschrift: 16 Hames Albrecht Khoglmniller 37.
Oval. Kupfer. Höhe 6½, Breite 5¾ Cent.

Johann Alexander Thiele,
geb. zu Erfuet 1685; † 1752.

148 *Blumenguirlande.*

Um eine Fensternische zieht sich eine Guirlande von Rosen, Tulpen und anderen Blumen.

Gut ausgeführtes Bild.
Holz. Höhe 50, Breite 68 Cent.

Lucas van Uden,

geb. zu Antwerpen 1595; lebte noch 1662.

149 *Grosse Landschaft.*

Rechts Waldeingang mit hohen Bäumen; im Vorgrunde Wasser, an dem zwei Frauen; links weite Fernsicht mit Ortschaften und Gebirge; im Vorgrunde Hirt mit seiner Heerde.

Reich componirtes, gut ausgeführtes Bild.
Leinwand. Höhe 58, Breite 86 Cent.

Unbekannte Meister.

150 *Landschaft in Abendstimmung.*

Zwischen hohen Bäumen durch hat man einen Blick auf ein Bauernhaus, an dessen Thüre Orgelspieler vor mehreren Zuhörern; rechts Fernsicht.
Holz. Höhe 38, Breite 32 Cent.

151 *Landschaft mit Vieh.*

Auf der Haide des Vorgrundes lagern und stehen Kühe, Pferde, Ziegen etc.; links Entenfamilie auf Bach.
Freundliches Bildchen.
Holz. Höhe 31, Breite 44 Cent.

152 *Marine.*

Ruhige See mit grösseren und kleineren Schiffen.
Holz. Höhe 22, Breite 28 Cent.

153 *Madonna mit dem Kinde.*

Maria in Halbfigur, in blauem Kleide und rothem Mantel, mit beiden Händen das nackte Jesukind haltend, welches nach einem Schmetterlinge langt.
In klarer Färbung gut gemaltes Bild.
Metall. Höhe 36, Breite 29 Cent.

154 *Madonna mit dem Kinde und dem kleinen Johannes.*
Holz. Höhe 17, Breite 14½ Cent.

155 *Kopf des leidenden Heilandes.*
Gutes leider beschädigtes Bild. Oberhalb geschweift.
Holz. Höhe 55, Breite 37 Cent.

156 *Weibliche Kniefigur,* im Profil, Wein in ein Glas schüttend.
Holz. Höhe 58, Breite 42½ Cent.

158—62 *6 verschiedene, theils beschädigte Bilder, Studien etc.*

Adriaan van de Velde (Manier).

163 *Landschaft mit Vieh.*

Den ganzen Vorgrund nimmt eine Heerde von Kühen und Schaafen ein; links der Hirte im Gespräche mit der Hirtin.
Hübsch componirtes Bild.
Leinwand. Höhe 45, Breite 64 Cent.

164 *Weidender Ochs.*
Holz. Höhe 17, Breite 13½ Cent.

Jacques Verreyt,
Maler zu Antwerpen; † zu Bonn.

165 *Landschaft bei Abendbeleuchtung.*

Rechts grosse Burgruine; links Fernsicht in's Gebirge.
Studie.
Leinwand. Höhe 39, Breite 34 Cent.

David Vinckenboons,
geb. zu Mecheln 1578; † zu Amsterdam 1629.

166 *Johannes Busspredigt.*

An einem Waldausgange predigt der hl. Johannes vor einer zahlreichen,
zwischen den Bäumen lagernden Menge aller Stände; links Fernsicht mit
Stadt am Fusse eines Berges.
Interessantes, figurenreiches Bild.
Holz. Höhe 30, Breite 45 Cent.

Reynier de Vries (Schule).

167 *Landschaft.*

Rechts grosses Gebäude mit Thurm, welches sich in dem Canal links
wiederspiegelt. Als Staffage Fischer in Kahn, Kühe etc.
Leinwand. Höhe 40, Breite 55 Cent.

Wanschaff,
neuerer Meister.

168 *Waldlandschaft.*

Rechts Mühle im Waldesgrunde. Mit Namen bezeichnet.
Leinwand. Höhe 55, Breite 68 Cent.

169 *Waldlandschaft.*

Rechts Baumgruppe; links Reiter vor dem Waldesdickicht.
Gegenstück in gleicher Ausführung.
Gleiche Grösse.

Anthonie Waterloo (Schule).

170 *Landschaft.*

Rechts Waldeingang; ein Mann mit Schaufel beobachtet einen Vogel bei
seinem Neste.
Leinwand. Höhe 64, Breite 59 Cent.

Christian Weirotter,
Maler des XVIII. Jahrh.

171–72 *Zwei kleine Gebirgs-Landschäftchen.*

Das eine derselben mit verfallenem Thurm zwischen Gebüsch; vorne
Angler; das andere mit Fluss, castellartigem Gebäude etc.
Zwei hübsch componirte Bildchen.
Holz. Höhe 12, Breite 17 Cent.

August von Wille,
Maler der Gegenwart aus Kassel; lebt zu Bonn.

173 *Nachts auf der Haide.*

Reiter auf Schimmel, geführt von Mann mit Laterne, und Hund auf
ödem Haideplan; im Vorgrunde ein Sumpf, in dem sich der hinter schwarzen
Wolken versteckte Mond wiederspiegelt.
Gutes Bild. Links mit dem Namen bezeichnet.
Leinwand. Höhe 45, Breite 85 Cent.

Thomas Willebort, gen. Bosschaert.
geb. zu Bergen-op-Zoom 1603; † 1656.

174 *Blumenstück.*
> Auf einem Steingesimse steht eine Vase mit prächtigem Blumenstrausse;
> links eine Eidechse.
>> *Gut ausgeführtes Bild. Rechts bezeichnet: J. Bosschaert 1634.*
>> *Holz. Höhe 50, Breite 34 Cent.*

Studien und Oel-Skizzen des Malers Franz Becker.

175 *Portrait eines Malers*, nach rechts gewandt, in schwarzem Gewande
und weisser Krause, die Palette in der Linken.
> *Gut ausgeführte Studie.*
> *Leinwand. Höhe 64, Breite 49 Cent.*

176 *Selbstportrait*, dreiviertel en face, in schwarzem Rocke und lose geschlun-
genem Halstuch.
> *Leinwand. Höhe 55, Breite 44 Cent.*

177 *Diverse Studien:* Felsen mit Wasserfall und See, Baumgruppen, Wolken,
Gestein etc.
> *Theilweise recht fleissig behandelt.*
> *16 Stück. Auf Pappe.*

178 *Aehnliche Studien.*
> *13 Stück. Auf Pappe.*

179 *4 Architektur- und Häuserstudien.*
> *Fleissige und gute Ausführung.*
> *2 auf Leinwand, 2 auf Pappe.*

180 *5 kleine landschaftliche Studien:* überbrückte Schleuse, Buschwerk
am Weiher etc.
> *Fleissig ausgeführte Skizzen.*
> *5 Stück auf Pappe. Verschiedene Grösse.*

181 *17 kleinere Baum-, Gestein- und Blätterstudien.*
> *17 Stück auf Pappe. Verschiedene Grössen.*

182 *Studienkopf:* schwarzes Haupt- und Barthaar mit aufwärts gerichtetem
Blicke.
> *Pappe. Höhe 39, Breite 34 Cent.*

183 *Malerportrait*, todter Hase, Christus-Körper.
> *3 Oel-Studien auf Leinwand. Verschiedene Grösse.*

184 *Rheinische Landschaftsstudie.*
> Links im Vorgrunde am Ufer des Rheines mächtiger Baum; rechts
> Blick in die gebirgige Ferne.
>> *Leinwand. Höhe 60, Breite 84 Cent.*

185 *Dietkirchen a. d. Lahn.*
> Im Vorgrunde mächtiges Gestein; auf hohem, jäh abfallendem Felsen
> Burgruine.
>> *Skizze.*
>> *Leinwand. Höhe 70, Breite 69 Cent.*

186 *Eingang in die Kapelle zu Dietkirchen a. d. Lahn* mit Blick in's
Freie.

Studien und Oel-Skizzen des Malers Franz Becker.

187 *Weiblicher Studienkopf,* en profil, mit emporgewandtem Blick und über
die nackte Büste herabwallendem schwarzen Haar.
> *Leinwand. Höhe 23, Breite 18½ Cent.*

188 *Aehnlicher Studienkopf,* dreiviertel en face.
> *Pappe. Höhe 21, Breite 21 Cent.*

189 *Knaben-Portrait.*
> Dreiviertel en face nach links gewandt, blondes Haar; blauer Kittel mit
> weissem, breit überfallendem Kragen.
> *Gut gemaltes, interessantes Bildchen.*
> *Leinwand. Höhe 42, Breite 35 Cent.*

190 *Zwei Knaben-Portraits,* en face und en profil, mit lockigem Haar;
das eine in schwarzem Habit mit breitem überfallendem Kragen, das andere
mit entblösstem Halse.
> *Gute Arbeit. Interessante ausdrucksvolle Köpfchen.*
> *Leinwand. Höhe 55 und 56, Breite 35 und 55 Cent.*

---

191 *Grosse Pergament-Miniatur.*
> Christus am Kreuz; zu den Seiten Maria und Johannes. Die Darstellung
> wird umrahmt von einer breiten Bordüre mit Blumen und Vögeln.
> *Feine Ausführung in Farben und Gold. Gute Erhaltung.*
> *Höhe 31½, Breite 25 Cent. In schwarzem Rahmen unter Glas.*

191a *Parthie an der Mosel.*
> An dem Ufer rechts mehrere Häuser; vor denselben Eseltreiber etc.
> *Aeusserst fleissig ausgeführte, hübsche Aquarelle. Monogrammirt C. M.*
> *In Rahmen unter Glas.*

192 *Marmorbildchen.*
> Gebirge, dargestellt in den natürlichen Adern des Steins
> *Holz. Höhe 22, Breite 16 Cent.*

Die nachgelassenen

Gemälde-Sammlungen

der Herren

Dechant J. F. Antwerpen in Deutz, Dr. med. W. Cappes in Horstmar, Kunsthändler Chr. König in Köln
und Anderer.

Johann von Aachen,
geb. zu Köln 1552; † zu Prag 1615.

193 *Martyrium des heil. Sebastianus.*

Links der Heilige an einen Baum gebunden, von den Pfeilen der rechts stehenden Kriegergruppe getroffen; in der Höhe Engel mit Lorbeerkranz und Palme; im Hintergrunde Zug von Soldaten, theils zu Pferde.

Gutes Bild von grossartiger Composition.

Holz. Höhe 70, Breite 55 Cent.

Teodor van Abtshoven,
Schüler Teniers.

194 *Interieur.*

In einer Schenke sind 4 Bauern kartenspielend und lärmend um einen Tisch gruppirt.

Oval.

Holz. Höhe 12, Breite 16½ Cent.

195 *Der Marktschreier.*

Vor den Häusern eines Dorfes steht derselbe auf einer Tonne, umgeben von Neugierigen.

Gegenstück zum Vorigen in gleicher Ausführung.

Holz. Gleiche Grösse.

Willem van Aelst,
geb. zu Delft 1620; † zu Amsterdam 1679.

196 *Stillleben.*

Obst und Blumen in hübscher Gruppirung.

Leinwand. Höhe 41, Breite 36 Cent.

Neuerer Belgischer Meister.

197 *Maler-Atelier.*

In einem mit Antiquitäten ausgestatteten Zimmer sind der Maler und ein reich gekleideter Cavalier in Unterhaltung mit dem völlig nackt auf einem Ruhekissen liegenden weiblichen Modell.

Skizzenhaft behandeltes Bild.
Leinwand. Höhe 12, Breite 34 Cent.

Bernardo Bellotto, gen. Canaletto,
geb. zu Venedig 1724; † zu Warschau 1780.

198 *Der Marcusplatz in Venedig.*

Derselbe wird belebt von zahlreichen maskirten Figuren.

Leinwand. Höhe 55, Breite 75 Cent. Geschnitzter Rahmen.

Nicolaas Berghem,
geb. zu Haarlem 1624; † daselbst 1683.

199 *Viehstück.*

Im Vorgrunde einer Gebirgslandschaft treibt eine Hirtin ihre Heerde von Kühen und Ziegen nach rechts.

Leinwand. Höhe 24, Breite 32 Cent.

Balthasar Beschey,
geb. zu Antwerpen 1709; † daselbst 1776.

200 *Heil. Familie.*

In einer Gebirgslandschaft wandern Maria und Joseph, den Jesusknaben an der Hand, nach rechts hin; in der Höhe Blumen streuende Engel.

Ein in lebhaften Farben gut ausgeführtes Bild.
Holz. Höhe 50, Breite 36 Cent.

Stephan Bildstein,
Meister des XVIII. Jahrh.

201 *Madonna mit dem Kinde.*

Madonna in rothem Gewande und blauem Mantel wickelt das rechts vor ihr auf Kissen liegende Jesuskind.

Gut ausgeführtes Bild; bezeichnet.
Leinwand. Höhe 86, Breite 66 Cent.

Pieter de Bloot,
Vlämischer Maler des XVII. Jahrh.; † 1667.

202 *Bauerngesellschaft.*

In einer Scheune sind zahlreiche Bauern um einen Briefschreiber gruppirt.

Gutes Bildchen.
Höhe 27, Breite 33 Cent.

203 *Interieur.*

An einem Tische sitzt ein Paar sich liebkosend; vor ihm zur Erde ein Dudelsackpfeifer; links leert ein Bauer einen Krug.

Au dem Tische bezeichnet: Bloot F.
Holz. Höhe 25, Breite 35 Cent.

Bolognesische Schule.

204 *Madonna mit dem Kinde.*

Dargestellt en face, bis zum Knie, reicht sie dem Kinde die Brust.

Schönes Bild.
Holz. Höhe 20, Breite 15½ Cent.

Leonhard Bramer,
geb. zu Delft 1596; † 1660.

205 *Portrait eines Polen.*

Brustbild eines jungen Mannes in pelzverbrämtem Gewande und hoher Mütze, den Beschauer anblickend.

Gut gemaltes Bild.
Leinwand. Höhe 47, Breite 36 Cent.

206 *Brustbild eines Alten.*

Derselbe ist in dreiviertel Wendung nach rechts mit spärlichem Haar, den Blick niedergesenkt.

Holz. Höhe 20, Breite 17 Cent.

Jan Breughel gen. Blumen-Breughel,
geb. zu Brüssel 1569; † zu Antwerpen 1621

207 *Blumenstück.*

In einer Vase steht ein Strauss der schönsten Blumen.

Vorzügliches Bild.
Holz. Höhe 42, Breite 32 Cent.

Jan Breughel (Schule).

208 *Flora.*

Weibliche Halbfigur, nackt; im Haare einen schönen Blumenkranz; in beiden Händen hält sie einen Fruchtkorb.

Gut ausgeführtes Bildchen.
Kupfer. Höhe 18, Breite 14 Cent.

Pieter Breughel der Jüngere, gen. Höllenbreughel,
Meister aus dem Anfange des XVII. Jahrh.; † 1625.

209 *Der Ueberfall.*

Vor den Häusern eines Dorfes streiten Soldaten mit den Bauern; links brennendes Haus, aus dem eine Frau stürzt.

Holz. Höhe 28, Breite 37 Cent.

Paul Brill,
geb. zu Antwerpen 1556; † zu Rom 1626.

210 *Waldlandschaft.*

Als Staffage Bärenjagd.

Holz. Höhe 54, Breite 62 Cent.

Adriaan Brouwer (Schule).

211 *Der Dorfchirurg.*

Derselbe schneidet einem Bauern am Arme; ein dritter Bauer schaut zu.

Composition von drei Figuren in guter Ausführung.
Holz. Höhe 21, Breite 18 Cent.

212 *Der alte Trinker.*

Brustbild eines alten Bauern mit hohem Hute; in der Rechten einen Krug; in der Linken ein Glas, das er zufrieden anlächelt.

Charakteristisch ausgeführtes Bild.
Leinwand. Höhe 33, Breite 28 Cent.

C. Calix,

moderner Meister.

213 *Der sentimentale Spaziergang.*

In einem Parke promenirt ein vornehmes Paar; rechts eine Statue mit Amor.

Leinwand. Höhe 41, Breite 53 Cent.

Lodovico Caracci,

geb. 1555; † 1619.

214 *Martyrium des heil. Sebastianus.*

Kupfer. Höhe 43, Breite 35 Cent.

Jacques Courtois, gen. Bourguignon.

geb. zu Saint-Hippolyte 1621; † zu Rom 1676.

215 *Reitergefecht.*

In einer weiten, gebirgigen Landschaft tobt rechts bei grossen Burgruinen die Schlacht; im Vorgrunde gefallene Krieger, Pferde, Waffen etc.

Leinwand. Höhe 34½, Breite 48 Cent.

216 *Reiterschlacht.*

Figurenreiche Composition in einer weit ausgedehnten Landschaft.

Leinwand. Höhe 118, Breite 160 Cent.

Georg Desmarées,

geb. zu Stockholm 1697; † zu München 1776.

217 *Portrait des Churfürsten Clemens August.*

Hüftbild in Cürass und Hermelinmantel; neben ihm die Krone.

Gut gemaltes Bild.

Leinwand. Höhe 140, Breite 100 Cent.

Jacob Dielmann,

geb. zu Sachsenhausen 1810.

218 *Interieur.*

Drei Kinder an einem Tische mit Schreiben beschäftigt.

Hübsches Bildchen mit Lichteffekt.

Leinwand. Höhe 18, Breite 20 Cent.

Anthonie van Dyck,

geb. zu Antwerpen 1599; † zu Blackfriars 1641.

219 *Das Pfingstfest.*

Madonna in rothem Kleide und blauem Mantel in Verzückung; um sie die betenden und staunenden Jünger; in den Wolken die Taube des heil. Geistes und Engelgruppen.

Geistreiche, angeblich Original-Skizze von meisterhafter Farbentönung.

Leinwand. Höhe 29, Breite 26 Cent.

Nach Anthonie van Dyck.

220 *Madonna mit dem Kinde.*

Maria in Lebensgrösse, dargestellt bis zum Knie, auf dem Schoosse das nackte Jesuskind, das mit der Rechten nach ihrem Kopfe greift, den sie nach den in der Höhe erscheinenden Cherubinen erhebt.

Grosses Altarbild.

Leinwand. Höhe 132, Breite 100 Cent.

Nach Anthonie van Dyck.

221 *Portrait.*

Brustbild des Königs Carl's I. von England.
Leinwand. Höhe 50, Breite 39 Cent.

222 *Madonna.*

Leinwand. Höhe 34, Breite 33 Cent.

Eckhout,
Director im Haagh.

223 *Tod des Ritters St. Vallier.*

Der Ritter St. Vallier, Vater der Diana von Poitiers, wird zur Richt-
stätte geführt; links der Kerker; rechts ein Platz mit dem Schaffot.
Gutes Bild.
Holz. Höhe 30, Breite 25 Cent.

François Franck der Jüngere,
geb. zu Antwerpen 1580; † daselbst 1642.

224 *Christus und die Ehebrecherin.*

In einer grossen Halle steht Christus, die Schrift auf dem Fussboden
erklärend; neben ihm die Ehebrecherin; um ihn Schriftgelehrte, Pharisäer,
Soldaten etc.
Costümlich interessantes Bild von guter Zeichnung.
Holz. Höhe 62, Breite 86 Cent.

Die Künstlerfamilie Franck.

225 *Pieta.*

Madonna, in blauem, goldgerändertem Mantel, hält den Leichnam Christi
auf ihrem Schoosse.
Sehr fein behandeltes Bildchen.
Kupfer. Höhe 22, Breite 16 Cent.

226 *Mater dolorosa.*

Halbfigur der Madonna, das Schwert in der Brust.
Kupfer. Höhe 16, Breite 11 Cent. Holzrahmen.

227 *Mariä Verkündigung.*

Madonna kniet rechts in weitem blauem Mantel vor dem Betpulte; ihr
erscheint links der verkündende Engel.
Fein gemaltes Bildchen.
Kupfer. Höhe 31, Breite 24 Cent. Holzrahmen.

228 *Der Schmerzensmann.*

Christus, nackt auf Steinsockel sitzend; in der Höhe zwei Engel.
Kupfer. Höhe 16, Breite 13½ Cent.

229 *Ecce homo.*

Halbfigur Christi mit Dornenkrone und Mantel; in der Rechten das Rohr.
Kupfer. Höhe 16, Breite 13 Cent.

Heinrich Goltzius (Schule).

230 *Das Urtheil des Paris.*

Rechts an einem Baume sitzt Paris; vor ihm die Göttinnen; hinter
ihm Merkur.
Holz. Höhe 80, Breite 100 Cent.

A. Greiss,
Kölner Maler des vorigen Jahrh.

231 Blumenstück.

Auf einem Steintische liegen Rosen und Tulpen neben einem Tintenfass.

In leuchtenden Farben gemaltes Bild.

Holz. Höhe 40, Breite 32 Cent.

Anton Grieff (Manier).

232—33 Zwei Jagdstücke.

Auf jedem derselben sitzender Jäger in Landschaft, umgeben von Hunden, der Jagdbeute, Hasen, Enten, Finken, Feldhühnern etc.

2 gut ausgeführte Bildchen.

Holz. Höhe eines jeden 20, Breite 26 Cent.

Bartholomeus van der Helst (Schule).

234 Portrait.

Brustbild eines Ritters in Harnisch und Mühlsteinkragen, nach rechts gewandt.

Gut ausgeführtes Bild in einem Oval.

Holz. Höhe 43, Breite 34 Cent.

235 Portrait.

Brustbild einer Dame in mittleren Jahren mit gelocktem Haar, auf dem Schnebbenhaube; Spitzenkragen über dem braunen Gewande.

Gegenstück zum Vorigen in gleicher Ausführung.

Holz. Gleiche Grösse.

Johann Daniel Herz,
geb. zu Augsburg 1693; † daselbst 1754.

236 St. Ignatius.

Er umfasst mit beiden Händen ein Kreuz.

Holz. Höhe 32, Breite 25 Cent.

Jakob de Heusch,
geb. zu Utrecht 1657; † zu Amsterdam 1701.

237 Gebirgslandschaft bei Abendbeleuchtung.

Im Vordergrunde führt eine grosse Holzbrücke, auf der mehrere Figuren, über ein Wasser; an dessen Ufer im rechten Vordergrunde 2 Angler; die Berge des Hintergrundes werden von der glühenden Abendsonne malerisch beleuchtet.

Sehr schön componirtes Bildchen.

Holz. Höhe 29, Breite 40 Cent.

Hans Holbein der Jüngere,
geb. zu Augsburg 1497; † zu London 1554.

238 Portrait eines Arztes.

Hüftfigur eines älteren Mannes, in dreiviertel Wendung nach rechts, mit kurzgeschnittenem Barte, in reich mit Pelz verbrämter schwarzer Kleidung und schwarzer Mütze; er legt die Rechte auf den auf einem Tische vor ihm liegenden Todtenkopf, während er in der Linken die Handschuhe hält.

Vortrefflich ausgeführtes Bild von charakteristischer Auffassung und voller Lebenswahrheit.

Holz. Höhe 101, Breite 84 Cent.

Hans Holbein der Jüngere.

239   *Portrait.*

Hüftfigur einer älteren Dame, in schwarzer mit Perlen gestickter Kleidung und interessanter, weisser Haube; in beiden Händen hält sie einen Rosenkranz.

Gegenstück zum Vorigen in gleicher Ausführung.
Holz. Gleiche Grösse.

Gerard Honthorst,
geb. zu Utrecht 1592; lebte noch 1662.

240   *Der Flohfänger.*

Brustbild eines Mannes mit über die Augen gezogenem grossen Hute, von dem Lichte der auf dem Tische vor ihm stehenden Kerze beleuchtet.

Gutes, charakteristisch durchgeführtes Bild.
Holz. Höhe 24, Breite 19 Cent. In Ebenholzrahmen.

C. von Hurt,
moderner Düsseldorfer Maler.

241   *Landschaft.*

Links Bauernhaus zwischen hohen Bäumen; rechts Blick auf Ortschaft an See.

Leinwand. Höhe 48, Breite 66 Cent.

242   *Landschaft.*

Links Bauernhaus; rechts Fernsicht.

Gegenstück zum Vorigen in gleicher Ausführung.
Gleiche Grösse.

Italienische Schule.

243   *Die heil. Magdalena.*

Hüftbild der Heiligen über Crucifix und Todtenkopf betend; den Kopf nach oben gewandt.

Leinwand. Höhe 93, Breite 60 Cent.

Justus Juncker,
geb. zu Mainz 1703; † zu Frankfurt 1767.

244   *Holländische Köchin.*

Dieselbe ist in der Küche beschäftigt.

Leinwand. Höhe 46, Breite 38 Cent.

Johann Christian Klengel,
geb. zu Kesselsdorf 1751; † zu Dresden 1824.

245   *Landschaft.*

Rechts bewachsener Felshügel; links Fernsicht; auf dem Wege des Vordergrundes mehrere Eseltreiber.

Freundliches Bild.
Leinwand. Höhe 24, Breite 32 Cent.

Barend Cornelius Koekoek,
geb. zu Middelburg 1803.

246   *Weite Gebirgslandschaft.*

Von dem Vordergrunde links zieht sich nach dem Hintergrunde zu ein breiter Weg, auf dem, links aus einem Walde kommend, Frau mit Kind;

rechts 2 Männer, der eine mit Pferd, in Unterhaltung; rechts am Wege ein dürrer Baum.

Hübsch componirtes, fein ausgeführtes Bild. Mit dem vollen Namen und Jahreszahl 1852 bezeichnet.

Holz. Höhe 56, Breite 70 Cent.

Pieter van Laar, gen. Bamboccio,
geb. zu London 1613; † 1673.

247 *Italienische Landschaft mit Vieh.*

Leinwand. Höhe 39, Breite 54 Cent.

F. Sigmund Lachenwitz,
geb. zu Neuss 1820; † zu Düsseldorf 1868.

248 *Thierstück.*

Wachtelhund, braun und weiss gefleckt, steht vor einem Teller mit Obst und Süssigkeiten, die er zwei auf Sessel und Vogelbauer geflüchteten Papageien streitig macht.

Hübsch componirtes, gut ausgeführtes Bild; unten links bezeichnet: F. S. Lachenwitz 1818.

Leinwand. Höhe 65, Breite 57 Cent.

Joseph Willem Laquy,
geb. zu Brühl 1738; † zu Clere 1798.

249 *Interieur.*

In einem Zimmer sitzt an einem Tische ein vornehmer Herr im Morgengewande, im Gespräche mit seinem Jäger; vor ihm sitzt sein Schreiber; links eine Dienerin einen Korb mit Geflügel in Händen.

Schönes Bild, im Geiste der französischen Meister, vorzüglich ausgeführt.

Leinwand. Höhe 53, Breite 68 Cent.

Lorenzo Lotto,
geb. zu Venedig zwischen 1476 und 1486; † zu Loretto 1558.

250 *Der heil. Hieronymus.*

Halbfigur des Heiligen in einer Felsgrotte vor Crucifix und Todtenkopf betend.

Vorzüglich ausgeführtes Bild.

Leinwand. Höhe 90, Breite 71 Cent.

Francesco Maffei (Schule).

251 *Sibylle.*

Halbfigur einer älteren Frau, den Kopf mit Turban umwunden, in beiden Händen eine Perlenkette haltend.

Leinwand. Höhe 92, Breite 75 Cent.

Carlo Maratti (Schule).

252 *Madonna mit dem Kinde.*

Madonna, nach rechts gewandt, das Kind auf dem Schoosse.

Leinwand auf Holz gezogen. Höhe 30, Breite 24 Cent.

Raphael Mengs (Schule).

253 *Portrait eines Malers.*

Halbfigur eines jüngeren Mannes mit Lockenhaar und Schnurrbart, nach rechts gewandt, den Kopf en face.

Gut ausgeführtes Bild.

Holz. Höhe 55, Breite 42 Cent.

Theobald Micheau,
geb. zu Tournai 1676; † zu Antwerpen 1755.

254 *Zwei Waldlandschäftchen.*
Zwei hübsch staffirte Bildchen in feiner Ausführung.
Holz. Höhe 22, Breite 32 Cent.

Milberg,
moderner Düsseldorfer Künstler.

255 *Landschaft.*
Rechts Gebirge und See, an dem ein Fischer; links mehrere Figuren vor Bauernhaus.
Leinwand. Höhe 48, Breite 66 Cent.

256 *Schweizersee.*
Rechts auf einem Hügel eine Hütte bei hohen Tannen.
Gegenstück. Gleiche Ausführung. Gleiche Grösse.

Michel Janson Mirevelt,
geb. zu Delft 1567; † 1641.

257 *Portrait.*
Brustbild eines älteren Mannes, den Kopf en face, mit kurzgeschorenem Haare und langem, grau-melirtem Vollbarte, in schwarzer Kleidung.
Meisterhaft ausgeführtes, lebenswahr gemaltes Bild.
Holz. Höhe 50, Breite 35 Cent.

Moderne Meister.

258 *Priester auf dem Krankenbesuche.*
In einer Gebirgslandschaft watet ein Klausner mit Ciborium, von einem Chorknaben begleitet, durch einen Bach.
Unvollendete Studie.
Holz. Höhe 35, Breite 28 Cent.

259 *Blumenstück.*
In einem Korbe ein Strauss der prächtigsten Blumen, Rosen, Tulpen etc.
Schön ausgeführtes Bild.
Leinwand. Höhe 40, Breite 53 Cent.

260 *Blumenstück.*
Reicher Strauss von Dalien, Fuchsien etc.
Gegenstück zum Vorigen. Gleiche Ausführung.
Leinwand. Gleiche Grösse.

261 *Landschaft.*
Am Ufer eines links befindlichen Canals steht ein grosses Waarenhaus, vor dem mehrere Fahrzeuge liegen, aus denen zum Theil Waaren ausgeladen werden.
Hübsches Bildchen.
Leinwand. Höhe 18, Breite 28 Cent.

262 *Waldlandschaft bei Mondschein.*
Drei Köhler um ein Feuer.
Effektvolles Bildchen.
Holz. Höhe 19, Breite 26 Cent.

263-64 *Zwei Mondscheinlandschaften.*
Leinwand. Höhe einer jeden 24, Breite 33 Cent.

265 *Landschaft mit Ortschaft.*
Holz. Höhe 8½, Breite 12½ Cent.

Jan Mienze Molenaar (Manier).

266 *Interieur.*

Rechts Paar am Kohlenfeuer, die Mahlzeit bereitend; links ein bettelnder Mönch.

Gutes Bildchen.
Holz. Höhe 21, Breite 18 Cent.

Paulus Moreelse,
gb. zu Utrecht 1571; † daselbst 1638.

267 *Portrait.*

Brustbild eines Mannes in mittleren Jahren, den Kopf fast en face, mit grossem Barte, in schwarzem Gewande und breitem Mühlsteinkragen; in der mit weissem Handschuh bekleideten Rechten eine Rolle haltend.

Gutes Bild mit Anklängen an van Dyck.
Kupfer. Höhe 40, Breite 32 Cent.

Aart van der Neer,
gb. zu Gorinchen 1613; † zu Amsterdam 1683.

268 *Mondscheinlandschaft.*

Breiter Canal auf dem mehrere Fahrzeuge, zu den Seiten Häuser, Windmühle etc.

Holz. Höhe 19½, Breite 27½ Cent.

Kaspar Netscher (Schule).

269 *St. Magdalena entsagt den Eitelkeiten der Welt.*

Vor einem rothen Vorhange steht eine jüngere Dame, wohl Portrait, in Knietigur, nach rechts gewandt, den Kopf mit nach oben gewandtem Blicke, fast en face; sie trägt ein blaues Seidengewand und legt mit der Rechten ihr Perlengeschmeide ab, während die Linke das Kreuz hält.

Gutes Bild.
Leinwand. Höhe 115, Breite 91 Cent.

Balthasar Paul Ommeganck,
gb. zu Antwerpen 1755; † daselbst 1826.

270 *Viehstück.*

Im Vorgrunde einer Gebirgslandschaft stehender Schimmel, Kuh und 2 Schaafe; links an einen Zaun gelehnt der Hirte.

Gutes Bild von harmonischer Farbenstimmung.
Holz. Höhe 21, Breite 28 Cent.

Jan van Ossenbeek,
gb. zu Rotterdam 1627; † zu Regensburg 1678.

271 *Waldlandschaft.*

Rechts und links hohe Bäume; auf dem breiten Wege des Mittelgrundes Reiter mit Frau, Kind und Hund.

Hübsches Bildchen.
Höhe 32, Breite 26 Cent.

Adriaan van Ostade,
gb. zu Lübeck 1610; † zu Amsterdam 1685.

272 *Interieur.*

An einem Tische sitzen 2 Bauern, der eine mit Krug, der andere mit Pfeife.

Fein ausgeführtes Bildchen in Silberton.
Holz. Höhe 20, Breite 18 Cent.

3*

Isaac van Ostade,
geb. zu Lübeck 1617.

272 *Bauerninterieur.*

Eine Bauernfamilie, essend und trinkend, um einen Tisch sitzend, links ein kleines Mädchen seine Suppe verzehrend.

Gutes Bild, in durchsichtigem, warmen Tone vorzüglich ausgeführt. Links die Bezeichnung.

Holz. Höhe 25, Breite 32 Cent.

273 *Bauerninterieur.*

In einem scheunenartigen Raume sitzen links 3 Bauern rauchend um einen Tisch; im Vorgrunde eine Frau das Kind reinigend, neben ihr Mann mit Krug.

Gegenstück zum Vorigen in gleicher Ausführung.

Holz. Gleiche Grösse.

Giampolo Panini,
geb. zu Piacenza 1695; † zu Rom 1768.

274 *Italienische Landschaft mit altrömischen Ruinen.*

Leinwand. Höhe 62, Breite 75 Cent.

Anna Peters.

275 *Gartenansicht.*

Hohe Blumenstauden, Rosen, Malven etc., umrahmen einen Springbrunnen; im Hintergrunde mehrere Dorfhäuser und die Kirche.

Hübsch ausgeführtes Bild. Unten rechts bezeichnet: „Anna Peters 1861."

Holz. Höhe 31, Breite 41 Cent.

Giovanni Batista Piazetta,
geb. zu Venedig 1682; † 1754.

276 *Savoyarden.*

Mann in weissem Rocke und blauem Mantel, nach rechts, den Kopf, den er auf die Linke, die ein Degengefäss umfasst, stützt, dem Beschauer zugewandt; neben ihm ein Knabe die Trommel rührend.

Composition zweier Halbfiguren, effektvoll gemalt mit wirkungsvollen Farbencontrasten.

Leinwand. Höhe 72, Breite 56 Cent.

Jacopo da Ponte, gen. Bassano (Manier).

277 *Die Anbetung der Hirten.*

Hübsche figurenreiche Composition.

Holz. Höhe 76, Breite 108 Cent. Holzrahmen.

Nach Paul Potter.

278 *Viehstück.*

Auf flachem Wiesengrunde drei weidende Ochsen; rechts im Hintergrunde wird eine Kirche sichtbar.

Hübsch ausgeführtes Bild.

Leinwand. Höhe 29, Breite 41 Cent.

August Querfurt.
geb. zu Wolfenbüttel 1696; † zu Wien 1761.

279 *Die Halbfiguren von Franz I. und der Maria Theresia.*

Zwei interessante, fleissig ausgeführte Costümbilder.

Holz. Höhe eines jeden 18, Breite 15 Cent.

Guido Reni,
geb. zu Bologna 1575; † 1642.

280 *Heilige Agnes.*

Halbfigur in blauem Gewande und gelbem Mantel, nach rechts gewandt, den Kopf, mit erhobenem Blick, en face.

Gutes Bild.

Leinwand. Höhe 33, Breite 26 Cent.

Peter Paul Rubens (Schule).

281 *St. Agnes.*

Hüftbild der Heiligen im rothen Gewande mit dem Lamme und der Palme.

Holz. Höhe 40, Breite 32 Cent.

282 *Herodias.*

Rechts steht Herodias von ihren Dienern und Dienerinnen umgeben; ihr bringt der Henkersknecht den Kopf des Johannes; links eine Gruppe von Hofleuten und Kriegern.

Gutes Bild.

Holz. Höhe 42, Breite 58 Cent.

283 *Brustbild des Apostels Petrus.*

Leinwand. Höhe 50, Breite 39 Cent.

284 *Christus am Kreuz.*

Höhe 61, Breite 40 Cent.

Salomon Ruisdael (Schule).

285 *Flusslandschaft.*

Links ein Dorf, vor dessen Häusern zahlreiche Figuren in Gruppen; rechts ein breiter Canal mit grösseren und kleineren Booten.

Gutes Bild.

Holz. Höhe 56, Breite 68 Cent.

Roeland Savery,
geb. zu Kortryk 1576; † 1639.

286 *Das Paradies.*

Im Vordergrunde einer baumreichen Landschaft stehen und liegen in verschiedenen Gruppen Thiere aller Art.

Vorzügliches Bild.

Holz. Höhe 62, Breite 96 Cent.

Godefried Schalken,
geb. zu Dortrecht 1643; † im Haage 1706.

287 *Heilige Familie.*

Kniefigur der Madonna, das nackte Jesukind auf dem Schoosse; rechts der heil. Joseph; links der kleine Johannes mit Kerze, welche die Figuren grell beleuchtet.

Gutes Bild.

Holz. Höhe 28, Breite 22½ Cent. In Ebenholzrahmen.

Christian Georg Schütz der Aeltere,
geb. in Flörsheim 1718; † zu Frankfurt 1791.

288—89 *Zwei Flusslandschäftchen mit Geländen und Gebirgszug.*

Zwei hübsch staffirte Bildchen.

Holz. Höhe eines jeden 16, Breite 25 Cent. 2 Stück.

Christian Sell,
Düsseldorfer Meister, geb. zu Altona 1831.

290 *Reitergefecht.*

Ein Trupp Reiter in Costümen des dreissigjährigen Krieges machen
Attaque gegen einen Zug Hellebardiere.

Lebendig componirtes, gut ausgeführtes Bild.
Leinwand. Höhe 36, Breite 48 Cent.

Lambert Snyers,
Meister des XVII. Jahrh.

291 *Die heilige Familie.*

In einer Landschaft sitzt rechts Madonna in rothem Kleide und blauem
Mantel, das völlig nackte Jesukind auf dem Schoosse, hinter ihr St. Joseph;
links der kleine Johannes mit Lamm; in der Höhe Engelglorien.

Schönes Bild von guter Farbentönung. Mit dem Namen bezeichnet.
Holz. Höhe 64, Breite 50 Cent.

B. Spiegle.

292 *Die Reue des Judas.*

In einer Landschaft steht Judas erschreckt bei dem Anblicke des Kreuzes;
links zwei Zimmerleute schlafend an einem Kohlenfeuer.

Mit Lichteffekt gut behandeltes Bild.
Leinwand. Höhe 50, Breite 58 Cent.

Adriaan van Stalbent,
geb. zu Antwerpen 1580; † 1662.

293 *Bauernfigur.*

Bauer in Kniefigur, mit rother Mütze, hinter einem mit Krug besetzten
Tische sitzend, spielt mit einem Vogel; im Hintergrunde werden die Dorfhäuser sichtbar.

Vorzügliches Bild in einem Oval.
Höhe 20, Breite 16 Cent.

294 *Flöhende Alte.*

Bäuerin, den Kopf mit weissem Tuche umhüllt, den auf ihrem Schoosse
liegenden Hund flöhend.

Gegenstück zum Vorigen in gleicher Ausführung.
Holz. Gleiche Grösse.

Dirk Stoop,
geb. zu Dortrecht 1610; † 1686.

295 *Ruhe auf der Jagd.*

An einem Hügel Herr und Dame zu Pferde, umgeben von zahlreichen
Hunden; ein Cavalier von seinem Schimmel, welcher an einen Baum gebunden, abgestiegen, mit dem Paare in Unterhaltung. Im vorderen Mittelgrunde ruht ein Jäger, umgeben von Hunden und der Jagdbeute; links
Gewässer, in dem mehrere Männer ihre Pferde tränken.

Vortrefflich componirtes, in heller Färbung meisterhaft ausgeführtes
Bild.
Holz. Höhe 52, Breite 85 Cent. Holzrahmen.

Abraham van Stork,
geb. zu Amsterdam 1650; † 1708.

296 *Marine.*

Unruhige See; im Vorgrunde grosses Schiff; im Hintergrunde die gebir-
gige Küste, an der mehrere grössere und kleinere Schiffe liegen.
Grosses Bild.
Leinwand. Höhe 80, Breite 120 Cent.

Carl Stürmer,
geb. zu Berlin 1803.

297 *Kosake auf der Wacht.*

In einer öden Landschaft steht ein Kosake den Schimmel am Zügel haltend.

Hübsches Bild. Unten mit dem vollen Namen bezeichnet.
Leinwand. Höhe 35, Breite 30 Cent.

Agostino Tassi,
geb. zu Perugia 1565; † 1644.

298 *Italienische Landschaft.*

Im Vorgrunde Schaafheerde mit Hirt, Hirtin und flötendem Schäfer.

Mit Monogramm des Meisters.
Leinwand. Höhe 64, Breite 73 Cent.

David Teniers der Aeltere,
geb. zu Antwerpen 1582; † 1649.

299 *Halt vor der Schenke.*

In einer weiten Gebirgslandschaft hat eine reiche Caravane vor dem links im Vorgrunde stehenden Wirthshause Halt gemacht, mehrere Reiter sind abgestiegen, die Pferde des mit Personen besetzten Wagens am Futtertroge; von rechts, wo die Häuser eines Dorfes sichtbar werden, nahen Schäfer mit ihrer Heerde, Reiter etc.

Lebendig componirtes Bild in guter Ausführung. Auf dem Futtertroge das Monogramm des Meisters.
Leinwand. Höhe 48, Breite 60 Cent.

300 *Die Versuchung des heil. Antonius.*

In einem verfallenen Gebäude kniet links der Heilige vor einem Crucifix betend; neben ihm nacktes Weib, Dämonengestalt etc.; rechts und in der Höhe Dämonengestalten.

Meisterhaft ausgeführtes Bild.
Leinwand. Höhe 53, Breite 73 Cent.

Nach David Teniers.

301 *Landschaft.*

Links zwei Bauernhäuser, vor denen drei Bauern in Unterhaltung; rechts Fernsicht auf die Dorfkirche.

Gutes Bild.
Leinwand. Höhe 38, Breite 50 Cent.

302 *Der Tanz in der Scheune.*

Ein Bauernpaar tanzt nach dem Spiele des auf einer Tonne sitzenden Geigers.

Holz. Höhe 30, Breite 24 Cent.

303 *Fischverkäufer.*

Vor einem Bauernhause verkauft ein Fischer einem Weibe einen Fisch.

Holz. Gleiche Grösse.

Egidius van Tilbourgh,
geb. zu Brüssel 1625.

304 *Interieur.*

An einem Tische stehend leert ein Krieger einen Zinnkrug, ein Anderer greift der Wirthin an den Busen.

Gut ausgeführtes Bild, bezeichnet T. b. F.
Holz. Höhe 25, Breite 35 Cent.

Pierre Toussaint,
Maler der Gegenwart in Marseille.

305 *Die Dorfhexe.*

In einem ärmlichen Gemache, in dessen Hintergrunde Retorten etc. auf Feuer, steht die alte Quacksalberin am Fenster das Uringlas in die Höhe haltend; neben ihr in einem Sessel sitzt der kranke Bauernbursche.

Hübsches Bildchen.
Leinwand auf Holz. Höhe 28, Breite 28 Cent.

Unbekannte Meister.

306 *Portrait.*

Brustbild einer Fürstin mit breitem Spitzenkragen.

Interessantes Costümbildchen.
Holz. Höhe 26, Breite 20 Cent.

307 *Madonna mit dem Kinde.*

Madonna in rothem Gewande und blauem Mantel, auf dem Haupte eine Krone, in Kniefigur; auf den Armen das Jesukind.

Gut gemaltes Bild.
Leinwand. Höhe 56, Breite 45 Cent.

308 *Madonna.*

Dieselbe sitzt in ganzer Figur, die Brust vom Schwerte durchbohrt.

Kupfer. Höhe 17, Breite 14 Cent. Holzrahmen.

309 *Madonna mit dem Kinde.*

Halbfigur der Gottesmutter, das Kind auf dem Schoosse.

Kupfer. Höhe 18, Breite 15 Cent. Holzrahmen.

310 *Madonna.*

Maria dem auf ihrem Schoosse liegenden nackten Jesukinde die Brust reichend.

Holz. Höhe 74, Breite 50 Cent. Schwarzer Rahmen.

311 *Pieta.*

Madonna hält den Leichnam Christi auf dem Schoosse, zu den Seiten zwei Engel.

Holz. Höhe 45, Breite 38 Cent. Holzrahmen.

312 *Magdalena.*

Dieselbe kniet büssend in einer Felsgrotte vor Kreuz.

Kupfer. Höhe 28, Breite 40 Cent.

313 *Apostel.*

Halbfigur eines Apostels, en face, in einem Buche schreibend.

Leinwand. Höhe 82, Breite 58 Cent.

314 *Apostel.*

Hüftbild eines bärtigen Apostels, den Kopf auf die Rechte gestützt.

Leinwand. Höhe 80, Breite 58 Cent.

315 *Apostel.*

Halbfigur eines bärtigen Apostels, en profil nach rechts, die Feder schneidend.

Leinwand. Höhe 82, Breite 58 Cent.

316 *Portrait.*

Halbfigur einer älteren Dame.

Beschädigtes Bild.
Leinwand. Höhe 85, Breite 68 Cent.

Unbekannte Meister.

317 *Landschaft.*

Als Staffage allegorische und mythologische Figuren.

Sapporte.

Leinwand. Höhe 52, Breite 155 Cent.

318 *Landschaft.*

Als Staffage spielende Kinder.

Sapporte.

Leinwand. Höhe 52, Breite 155 Cent.

319 *Portrait.*

Hüftbild eines Ritters in Allongeperrücke, mit Spitzenkragen und Manschetten.

Gutes Bild.

Leinwand. Höhe 84, Breite 64 Cent.

320 *Wahrsagerin.*

Eine junge, phantastisch gekleidete Zigeunerin sagt einem jungen Ritter aus der Hand wahr, während dessen stiehlt ein junges Mädchen dem letztern die Börse; im Hintergrunde Alte.

Gutes Bild.

Leinwand. Höhe 57, Breite 46 Cent.

321 *Heilige Familie in Landschaft.*

Holz. Höhe 18, Breite 13½ Cent.

322 *Halbfigur der Madonna* das Kind säugend.

Leinwand. Höhe 110, Breite 85 Cent.

323 *Madonna.*

Halbfigur der Madonna mit dem Kinde.

Leinwand. Höhe 94, Breite 77 Cent.

324 *Madonna.*

Halbfigur der Madonna mit dem Kinde in einem Oval.

Leinwand. Höhe 89, Breite 66 Cent.

325 *Wunderthätige Madonna von Werl.*

Leinwand. Höhe 68, Breite 64 Cent.

326 *Christus als Hirte.*

Holz. Höhe 56, Breite 42 Cent.

327 *Ecce homo.*

Leinwand. Höhe 45, Breite 37 Cent.

328 *Brustbild der büssenden Magdalena.*

Pappe. Höhe 63, Breite 50 Cent.

329 *Magdalena.*

Dieselbe betet in Landschaft vor Crucifix.

Kupfer. Höhe 20, Breite 16 Cent.

330 *Anbetung der heil. drei Könige.*

Figurenreiche Composition.

Höhe 47, Breite 37 Cent.

331—32 *2 Heilige.*

Leinwand. Höhe eines jeden 34, Breite 28 Cent.

Unbekannte Meister.

333 *Mönch vor Buch betend.*
Holz. Höhe 38½, Breite 32 Cent.

334—35 *Brustbilder der Heiligen Franziskus und Ignatius.*
Holz. Höhe eines jeden 21, Breite 15 Cent.

336 *Portrait.*
Brustbild des Cardinals Richelieu.
Leinwand. Höhe 33, Breite 27 Cent.

337 *Portrait eines Ritters.*
Pappe. Höhe 26, Breite 22½ Cent.

338—40 *Köchin, 2 Bauern und Scene eines Streites.*
3 Bilder.
Holz. Höhe 18½, 21 u. 26, Breite 13½, 18 u. 18½ Cent.

341 *Der Quacksalber.*
Derselbe sitzt an einem Tische, sich ein Pflaster von der rechten Hand lösend.
Holz. Höhe 25, Breite 18 Cent.

342—43 *Der Raucher und Brustbild eines Alten.*
Holz. Höhe 25 u. 15, Breite 19 u. 12 Cent.

344 *Bettler in Landschaft.*
Holz. Höhe 25½, Breite 16 Cent.

345 *Halbfigur eines Violinspielers.*
Derselbe ist dargestellt bis zum Knie, in der Rechten ein Glas haltend.
Holz. Höhe 26, Breite 19 Cent.

Jezajas van de Velde,
geb. zu Leyden 1597; † daselbst 1648.

346 *Landschaft mit Brücke und Festung.*
Holz. Höhe 40, Breite 55 Cent.

Willem van de Velde (Schule).

347 *Marine.*
Bewegte See mit grösseren Segelschiffen, Fischerkahn etc.
Holz. Höhe 22½, Breite 28½ Cent.

Claude Joseph Vernet (Schule).

348 *Flusslandschaft.*
Im Mittelgrunde Bogenbrücke; links am Ufer Fischer in Kahn.
Leinwand. Höhe 38, Breite 50 Cent.

F. Vetlap,
neuerer Meister.

349 *Landschaft.*
Durch den Mittelgrund des Bildchens zieht sich ein Bach, an dem rechts und links hohe Bäume.
Hübsches Bildchen.
Leinwand. Höhe 16, Breite 22 Cent.

David Vinckenboons,
geb. zu Mecheln 1578; † zu Amsterdam 1629.

350 *Winterlandschaft.*

Den ganzen Mittelgrund des Bildes nimmt eine grosse Eisfläche mit unzähligen Schlittschuhläufern ein, an den Ufern Ortschaft; rechts im Vordergrunde grosser Baum.

Gut gemaltes Bild mit interessanter Costüm-Staffage. Unten rechts mit dem Monogramm bezeichnet.

Holz. Höhe 31, Breite 51 Cent.

Frans de Vriendt, gen. Frans Floris,
geb. zu Antwerpen 1520; † 1570.

351 *Venus und Amor.*

In einer Landschaft sitzt auf rothem Tuche Venus, völlig nackt, im Profile nach rechts gewandt, mit dem kleinen Amor spielend, der mit Köcher umgürtet ist und in der erhobenen Linken den Bogen hält; links in der Höhe Taubenpaar.

Vorzüglich ausgeführtes, wirkungsvolles Bild. Rechts mit dem Monogramm bezeichnet.

Holz. Höhe 105, Breite 132 Cent.

352 *Die klugen Jungfrauen.*

Eine Gruppe von fünf Knie- und Halbfiguren ihre Lampen mit Oel füllend.

Schön componirtes, vortrefflich gezeichnetes Bild.

Holz. Höhe 78, Breite 91 Cent.

353 *Die fünf thörichten Jungfrauen.*

Gruppe von fünf schlafenden weiblichen Figuren; im Hintergrunde links die zum Tempel eilenden klugen Jungfrauen; rechts Gebäulichkeiten.

Gleiche Ausführung.

Holz. Gleiche Grösse.

Louis Etienne Watelet 1805,
geb. zu Paris 1780.

354 *Die Dorfpolitiker.*

Um einen Tisch sitzen drei Männer beim Bierkruge; einer derselben liest aus einer Zeitung vor.

Hübsche Composition von drei Halbfiguren, in Hasenclever's Manier, vorzüglich behandelt. Unten in der Mitte Namen und Jahreszahl.

Holz. Höhe 31, Breite 40 Cent.

Antoine Watteau,
geb. zu Valenciennes 1684; † zu Nogent 1721.

355 *Das Trictracspiel.*

In einem reich ausgestatteten Zimmer sitzt eine Dame an einem Tische mit dem hinter demselben stehenden Cavalier Trictrac spielend; hinter letzterem steht zuschauend eine zweite Dame; rechts geht durch die geöffnete Thür der Page mit geleerten Gläsern.

Vorzügliches Bildchen des Meisters.

Holz. Höhe 37½, Breite 28 Cent.

Thomas Wyck,
geb. zu Haarlem 1616; † daselbst 1686.

356 *Der Alchimist.*

In seiner reich ausgestatteten Stube sitzt umgeben von Büchern, Retorten etc., der Alchimist vor seinem Pulte; im Hintergrunde der Gehülfe.

Gutes Bild.

Leinwand. Höhe 66, Breite 61 Cent.

Januarius Zick,

(geb. zu München 1733; † zu Ehrenbreitstein 1797.

357 *Moses schlägt Wasser aus dem Felsen.*

Im Vorgrunde Israeliten mit Krügen und Schaalen schöpfend.
Schön componirtes, effektvoll behandeltes Bild.
Leinwand. Höhe 67, Breite 83¹/₂ Cent.

358 *Moses und die ehernen Schlangen.*

Im Mittelgrunde Moses; rechts und links die Israeliten bei ihren Zelten,
ihn um Schonung bittend.

Gegenstück zum Vorigen in gleicher Ausführung
Leinwand. Gleiche Grösse.

H. Herzog,

moderner Meister.

359 *Baumreiche Landschaft mit Vieh an Wasser.*

Hübsch ausgeführte Aquarelle.
Goldrahmen unter Glas.

360 *Mondscheinlandschaft.*

Als Staffage junges Paar unter Bäumen wandelnd.

Gute Aquarelle.
Goldrahmen unter Glas.

Gustav Adolph Simonau,

Aquarellmaler in Brüssel.

361 *Kircheninterieur.*

Das Innere einer gothischen Kirche; als Staffage der zum Messopfer
gehende Priester.

Vorzüglich ausgeführte Tuschzeichnung mit Namen bezeichnet;
Goldrahmen unter Glas.

Unbekannt.

362—65 *Die vier Jahreszeiten.*

Landschaften mit biblischen Darstellungen.

Aeusserst fein ausgeführte Miniaturen auf Pergament.
Höhe einer jeden 11, Breite 15 Cent. In Goldrähmchen unter Glas.

366 *Marine.*

Die See mit mehreren grossen Segelschiffen; links das Ufer mit Castell.

Hübsch ausgeführtes Miniaturbildchen auf Pergament. Höhe 12¹/₂,
Breite 18¹/₂ Cent. Goldrahmen unter Glas.

367 *Winterlandschaft.*

Gegenstück in gleicher Ausführung und Grösse.